「ありよう」で捉える社会保障法

― 社会保障の法現象 ―

Hisatsuka junichi
久塚純一［著］

成文堂

目　次

イントロ——この本の狙い—— ……………………………………………… 1
『この本』の全体像 ………………………………………………………… 9

第1部　社会保障法とは（導入）
——「ありよう」という枠組みで「社会保障法」を捉える——
……………………………………………………………………………… 15

第1章　[「ありよう」の「ありよう」] で「何」を捉えようとするのか ……………………………………………………… 19

Ⅰ　目的（20）　Ⅱ　新しい法律に見られる「どの部分」を [「ありよう」の「ありよう」] で捉えるのか（21）　Ⅲ　法律の改正を [「ありよう」の「ありよう」] で捉える（22）　Ⅳ　裁判例を [「ありよう」の「ありよう」] で捉える（23）　Ⅳ　議論を [「ありよう」の「ありよう」] で捉える（24）

第2章　[「どのような」「ありよう」] を使って、[「どのように」「ありよう」] を表現するのか ………………………… 25

Ⅰ　目的（26）　Ⅱ　「枠組み」とは（27）　Ⅲ　「社会保障の法現象」を「対象物」とする際の様々な「枠組み」（28）　Ⅳ　「方法」とは（29）　Ⅳ　「社会保障の法現象」を「対象物」とする際の「枠組み」と「方法」（30）

第3章　日本の経緯を [「ありよう」の「ありよう」] で捉える（1．戦前・戦時） ……………………………………………… 31

Ⅰ　戦前・戦時の医療保障——健康保険法の登場の「ありよう」の「ありよう」（32）
Ⅱ　戦前・戦時の医療保障——その後の展開の「ありよう」の「ありよう」（33）
Ⅲ　戦前・戦時の所得保障——労働者年金保険法の登場の「ありよう」の「ありよう」（34）　Ⅳ　戦前・戦時の所得保障——その後の展開の「ありよう」の「ありよう」（35）　Ⅳ　戦前・戦時の公的扶助——一般的な救貧制度と特

殊な部門の救貧制度の「ありよう」の「ありよう」(36)

第4章　日本の経緯を[「ありよう」の「ありよう」]で捉える（2．戦後） …………… 37

　Ⅰ　戦後間もなくの「ありよう」の「ありよう」(38)　Ⅱ　国民皆保険・国民皆年金の「ありよう」の「ありよう」(39)　Ⅲ　社会福祉制度の展開にみられる「ありよう」の「ありよう」(40)　Ⅳ　社会保障の見直しの「ありよう」の「ありよう」①(41)　Ⅳ　社会保障の見直しの「ありよう」の「ありよう」②(42)

第5章　具体的事例を[「ありよう」の「ありよう」]で位置づける …………… 43

　Ⅰ　「貧困」をめぐる「ありよう」の「ありよう」(44)　Ⅱ　「高齢者の所得保障」の「ありよう」の「ありよう」(45)　Ⅲ　「子ども」についての「ありよう」の「ありよう」(46)　Ⅳ　[「措置」から「契約」へ]という「ありよう」の「ありよう」(47)　Ⅳ　社会保障の「費用」についての「ありよう」の「ありよう」(48)

　位置付けて捉えるための補足テーマ──練習 …………… 49

第2部　[「分断・排除」と「連帯」]
──「関係のありよう」という枠組みで捉える── …… 53

第1章　[「分断・排除」と「連帯」]という枠組みの設定と「社会保障法」 …………… 57

　Ⅰ　[「分断・排除」と「連帯」]という枠組みの設定(58)　Ⅱ　「必要性のあること」を巡る[「分断・排除」と「連帯」](59)　Ⅲ　「給付」を巡る[「分断・排除」と「連帯」](60)　Ⅳ　「負担」を巡る[「分断・排除」と「連帯」](61)　Ⅳ　[「負担」と「給付」]の関係を巡る[「分断・排除」と「連帯」](62)

第 2 章 [「分断・排除」と「連帯」] という枠組みで [医療の保障] を捉える ……… *63*

I 目的（64） II 「医療の保障」の「必要性の発生」について [「分断・排除」と「連帯」] という枠組みで捉える（65） III 「医療の保障」の「負担」について [「分断・排除」と「連帯」] という枠組みで捉える（66） IV 「医療の保障」の「給付」について [「分断・排除」と「連帯」] という枠組みで捉える（67） IV 「医療の保障」の [「負担」と「給付」] の関係を「関係のありよう」で捉える（まとめ）（68）

第 3 章 [「分断・排除」と「連帯」] という枠組みで [所得の保障] を捉える ……… *69*

I 目的（70） II 「所得の保障」の「必要性の発生」について [「分断・排除」と「連帯」] という枠組みで捉える（71） III 「所得の保障」の「負担」について [「分断・排除」と「連帯」] という枠組みで捉える（72） IV 「所得の保障」の「給付」について [「分断・排除」と「連帯」] という枠組みで捉える（73） IV 「所得の保障」の [「負担」と「給付」] の関係を「関係のありよう」で捉える（まとめ）（74）

第 4 章 [「分断・排除」と「連帯」] という枠組みで [介護の保障] を捉える ……… *75*

I 目的（76） II 「介護の保障」の「必要性の発生」について [「分断・排除」と「連帯」] という枠組みで捉える（77） III 「介護の保障」の「負担」について [「分断・排除」と「連帯」] という枠組みで捉える（78） IV 「介護の保障」の「給付」について [「分断・排除」と「連帯」] という枠組みで捉える（79） IV 「介護の保障」の [「負担」と「給付」] の関係を「関係のありよう」で捉える（まとめ）（80）

第 5 章 [「分断・排除」と「連帯」] という枠組みで [最低生活の保障] を捉える ……… *81*

I 目的（82） II 「最低生活の保障」の「必要性の発生」について [「分断・排除」と「連帯」] という枠組みで捉える（83） III 「最低生活の保障」の「負担」について [「分断・排除」と「連帯」] という枠組みで捉える（84）

Ⅳ 「最低生活の保障」の「給付」について［「分断・排除」と「連帯」］という枠組みで捉える（85）　Ⅳ 「最低生活の保障」の［「負担」と「給付」］の関係を「関係のありよう」で捉える（まとめ）（86）

　「関係のありよう」についての補足テーマ──練習　………………… *87*

第3部　［「私的な責任」と「社会的な責任」］
──「責任のありよう」という枠組みで捉える── …… *89*

第1章　［「私的な責任」と「社会的な責任」］という枠組みの設定と「社会保障法」……………………………… *93*

　　Ⅰ ［「私的な責任」と「社会的な責任」］という枠組みの設定（94）　Ⅱ 「必要性があること」を巡る［「私的な責任」と「社会的な責任」］（95）　Ⅲ 「給付」を巡る［「私的な責任」と「社会的な責任」］（96）　Ⅳ 「負担」を巡る［「私的な責任」と「社会的な責任」］（97）　Ⅳ ［「負担」と「給付」］の関係を巡る［「私的な責任」と「社会的な責任」］（98）

第2章　［「私的な責任」と「社会的な責任」］という枠組みで［医療の保障］を捉える ……………………………… *99*

　　Ⅰ 目的（100）　Ⅱ 「医療の保障」の「必要性の発生」について［「私的な責任」と「社会的な責任」］で捉える（101）　Ⅲ 「医療の保障」の「負担」について［「私的な責任」と「社会的な責任」］で捉える（102）　Ⅳ 「医療の保障」の「給付」について［「私的な責任」と「社会的な責任」］で捉える（103）　Ⅳ 「医療の保障」の［「負担」と「給付」］の関係を「責任のありよう」で捉える（まとめ）（104）

第3章　［「私的な責任」と「社会的な責任」］という枠組みで［所得の保障］を捉える ……………………………… *105*

　　Ⅰ 目的（106）　Ⅱ 「所得の保障」の「必要性の発生」について［「私的な責任」と「社会的な責任」］で捉える（107）　Ⅲ 「所得の保障」の「負担」について［「私的な責任」と「社会的な責任」］で捉える（108）　Ⅳ 「所得の保障」の「給付」について［「私的な責任」と「社会的な責任」］で捉える（109）　Ⅳ 「所得の保障」の［「負担」と「給付」］の関係を「責任のありよう」で捉え

る（まとめ）(110)

第 4 章 ［「私的な責任」と「社会的な責任」］という枠組みで［介護の保障］を捉える *111*

Ⅰ 目的（112）　Ⅱ 「介護の保障」の「必要性の発生」について［「私的な責任」と「社会的な責任」］で捉える（113）　Ⅲ 「介護の保障」の「必要性の発生」について［「私的な責任」と「社会的な責任」］で捉える（114）　Ⅳ 「介護の保障」の「給付」について［「私的な責任」と「社会的な責任」］で捉える（115）　Ⅳ 「介護の保障」の［「負担」と「給付」］の関係を「責任のありよう」で捉える（まとめ）(116)

第 5 章 ［「私的な責任」と「社会的な責任」］という枠組みで［最低生活の保障］を捉える *117*

Ⅰ 目的（118）　Ⅱ 「最低生活の保障」の「必要性の発生」について［「私的な責任」と「社会的な責任」］で捉える（119）　Ⅲ 「最低生活の保障」の「負担」について［「私的な責任」と「社会的な責任」］で捉える（120）　Ⅳ 「最低生活の保障」の「給付」について［「私的な責任」と「社会的な責任」］で捉える（121）　Ⅳ 「最低生活の保障」の［「負担」と「給付」］の関係を「責任のありよう」で捉える（まとめ）(122)

「責任のありよう」についての補足テーマ——練習 *123*

第 4 部 ［「任意」と「強制」］
——「意思のありよう」という枠組みで捉える—— ... *125*

第 1 章 ［「任意」と「強制」］という枠組みの設定と「社会保障法」...... *129*

Ⅰ ［「任意」と「強制」］という枠組みの設定（130）　Ⅱ 「必要性のあること」を巡る［「任意」と「強制」］（131）　Ⅲ 「給付」を巡る［「任意」と「強制」］（132）　Ⅳ 「負担」を巡る［「任意」と「強制」］（133）　Ⅳ ［「負担」と「給付」］の関係を巡る［「任意」と「強制」］（134）

第2章 [「任意」と「強制」]の枠組みで[医療の保障]を捉える ………… *135*

I 目的(136)　II 「医療の保障」の「必要性の発生」について[「任意」と「強制」]の枠組みで捉える(137)　III 「医療の保障」の「負担」について[「任意」と「強制」]の枠組みで捉える(138)　IV 「医療の保障」の「給付」について[「任意」と「強制」]の枠組みで捉える(139)　IV 「医療の保障」の[「負担」と「給付」]の関係を[「任意」と「強制」]の枠組みで捉える(まとめ)(140)

第3章 [「任意」と「強制」]の枠組みで[所得の保障]を捉える ………… *141*

I 目的(142)　II 「所得の保障」の「必要性の発生」について[「任意」と「強制」]の枠組みで捉える(143)　III 「所得の保障」の「負担」について[「任意」と「強制」]の枠組みで捉える(144)　IV 「所得の保障」の「給付」について[「任意」と「強制」]の枠組みで捉える(145)　IV 「所得の保障」の[「負担」と「給付」]の関係を[「任意」と「強制」]の枠組みで捉える(まとめ)(146)

第4章 [「任意」と「強制」]の枠組みで[介護の保障]を捉える ………… *147*

I 目的(148)　II 「介護の保障」の「必要性の発生」について[「任意」と「強制」]の枠組みで捉える(149)　III 「介護の保障」の「負担」について[「任意」と「強制」]の枠組みで捉える(150)　IV 「介護の保障」の「給付」について[「任意」と「強制」]の枠組みで捉える(151)　IV 「介護の保障」の[「負担」と「給付」]の関係を[「任意」と「強制」]の枠組みで捉える(まとめ)(152)

第5章 [「任意」と「強制」]の枠組みで[最低生活の保障]を捉える ………… *153*

I 目的(154)　II 「最低生活の保障」の「必要性の発生」について[「任意」と「強制」]の枠組みで捉える(155)　III 「最低生活の保障」の「負担」について[「任意」と「強制」]の枠組みで捉える(156)　IV 「最低生

活の保障」の「給付」について［「任意」と「強制」］の枠組みで捉える（157）　
Ⅳ　「最低生活の保障」の「負担」と「給付」の関係を［「任意」と「強制」］
の枠組みで捉える（まとめ）（158）

　「意思のありよう」についての補足テーマ──練習 *159*

第5部　［「抽象性」と「具体性」］
──「現象の形態のありよう」という枠組みで捉える──

.... *161*

第1章　［「抽象性」と「具体性」］という枠組みの設定と「社会保障法」...... *165*

Ⅰ　目的（166）　Ⅱ　「必要性のあること」を巡る［「抽象性」と「具体性」］（167）
Ⅲ　「給付」を巡る［「抽象性」と「具体性」］（168）　Ⅳ　「負担」を巡る
［「抽象性」と「具体性」］（169）　Ⅳ　「負担」と「受給」］の関係を巡る
［「抽象性」と「具体性」］（170）

第2章　［「抽象性」と「具体性」］という枠組みで［医療の保障］を捉える *171*

Ⅰ　目的（172）　Ⅱ　「医療の保障」の「必要性の発生」について［「抽象性」
と「具体性」］という枠組みで捉える（173）　Ⅲ　「医療の保障」の「負担」
について［「抽象性」と「具体性」］という枠組みで捉える（174）　Ⅳ　「医
療の保障」の「給付」について［「抽象性」と「具体性」］という枠組みで捉える（175）
Ⅳ　「医療の保障」の［「負担」と「給付」］の関係を「現象の形態のありよう」
で捉える（まとめ）（176）

第3章　［「抽象性」と「具体性」］という枠組みで［所得の保障］を捉える *177*

Ⅰ　目的（178）　Ⅱ　「所得の保障」の「必要性の発生」について［「抽象性」
と「具体性」］という枠組みで捉える（179）　Ⅲ　「所得の保障」の「負担」
について［「抽象性」と「具体性」］　という枠組みで捉える（180）　Ⅳ　「所
得の保障」の「給付」について［「抽象性」と「具体性」］という枠組みで捉える（181）
Ⅳ　「所得の保障」の［「負担」と「給付」］の関係を「現象の形態のありよう」

で捉える（まとめ）(182)

第4章 [「抽象性」と「具体性」]という枠組みで[介護の保障]を捉える …… *183*

I　目的（184）　II　「介護の保障」の「必要性の発生」について[「抽象性」と「具体性」]という枠組みで捉える（185）　III　「介護の保障」の「負担」について[「抽象性」と「具体性」]という枠組みで捉える（186）　IV　「介護の保障」の「給付」について[「抽象性」と「具体性」]という枠組みで捉える（187）　IV　「介護の保障」の[「負担と納付」と「給付」]の関係を「現象の形態のありよう」で捉える（まとめ）（188）

第5章 [「抽象性」と「具体性」]という枠組みで[最低生活の保障]を捉える …… *189*

I　目的（190）　II　「最低生活の保障」の「必要性の発生」について[「抽象性」と「具体性」]という枠組みで捉える（191）　III　「最低生活の保障」の「負担」について[「抽象性」と「具体性」]という枠組みで捉える（192）　IV　「最低生活の保障」の「給付」について[「抽象性」と「具体性」]という枠組みで捉える（193）　IV　「最低生活の保障」の[「負担」と「給付」]の関係を「現象の形態のありよう」で捉える（まとめ）（194）

「現象の形態のありよう」についての補足テーマ——練習 …… *195*

第6部　「ありよう枠組みの組み合わせ」という枠組みで捉える（まとめ）——「応用問題」で「議論の構造」を捉え「再構成」する—— …… *197*

第1章 「ありよう枠組みの組み合わせ」で「生活保護を巡る議論」を捉え「再構成」する …… *201*

I　目的（202）　II　「ありよう枠組みの組み合わせ」で「生活保護を巡る議論」を捉え「再構成」することとは（203）　III　[「関係のありよう」と「責任のありよう」の組み合わせ]で〈自立の助長〉を巡る議論を捉え「再構成」する（204）　IV　[「関係のありよう」と「意思のありよう」の組み合

わせ］で「〈世帯単位の原則〉を巡る議論」を捉え「再構成」する（205）
Ⅳ ［「責任のありよう」と「意思のありよう」の組み合わせ］で「〈補足性の原理〉を巡る議論」を捉え「再構成」する（206）

第2章 「ありよう枠組みの組み合わせ」で「損得勘定のような議論」を捉え「再構成」する ……………… *207*

Ⅰ 目的（208） Ⅱ 「ありよう枠組みの組み合わせ」で〈損得勘定〉のような議論」を捉え「再構成」することとは（209） Ⅲ ［「関係のありよう」と「責任のありよう」の組み合わせ］で「〈払った分だけもらえるのか？〉を巡る議論」を捉え「再構成」する（210） Ⅳ ［「関係のありよう」と「意思のありよう」の組み合わせ］で「〈二重払い〉を巡る議論」を捉え「再構成」する（211） Ⅳ ［「責任のありよう」と「意思のありよう」の組み合わせ］で「〈遺族年金〉を巡る議論」を捉え「再構成」する（212）

第3章 「ありよう枠組みの組み合わせ」で「介護保険を巡る議論」を捉え「再構成」する ……………………… *213*

Ⅰ 目的（214） Ⅱ ［「関係のありよう」と「責任のありよう」の組み合わせ］で「〈被保険者の年齢〉を巡る議論」を捉え「再構成」する（215） Ⅲ ［「関係のありよう」と「責任のありよう」の組み合わせ］で「〈保険事故と保険給付の形態〉を巡る議論」を捉え「再構成」する（216） Ⅳ ［「関係のありよう」と「意思のありよう」の組み合わせ］で「〈予防給付〉を巡る議論」を捉え「再構成」する（217） Ⅳ ［「責任のありよう」と「意思のありよう」の組み合わせ］で「〈「措置」から「契約」へ〉を巡る議論」を捉え「再構成」する（218）

第4章 「ありよう枠組みの組み合わせ」で「高齢者の医療保障を巡る議論」を捉え「再構成」する …………… *219*

Ⅰ 目的（220） Ⅱ ［「関係のありよう」と「責任のありよう」の組み合わせ］で「〈「高齢者の医療保障」経緯〉を巡る議論」を捉え「再構成」する（221） Ⅲ ［「関係のありよう」と「責任のありよう」の組み合わせ］で「〈高齢者の医療保障〉を巡る議論」を捉え「再構成」する（222） Ⅳ ［「関係のありよう」と「意思のありよう」の組み合わせ］で「〈高齢者の医療の確保に関する法律〉を巡る議論」を捉え「再構成」する（223） Ⅳ ［「責任のありよう」と「意

思のありよう」の組み合わせ］で〈国民皆保険体制と高齢者の医療保障との関係〉を巡る議論」を捉え「再構成」する（224）

第5章 「ありよう枠組みの組み合わせ」で［議論の構造］を捉え「再構成」する……………225

Ⅰ　目的（226）　Ⅱ　［「関係のありよう」と「責任のありよう」の組み合わせ］で［議論の構造］を捉え「再構成」する——〈「持続可能な制度（という用語)」〉（227）　Ⅲ　［「関係のありよう」と「意思のありよう」の組み合わせ］で［議論の構造］を捉え「再構成」する——〈世論」〉（228）　Ⅳ　［「責任のありよう」と「意思のありよう」の組み合わせ］で［議論の構造］を捉え「再構成」する——〈「専門家」と「素人」との関係〉（229）　Ⅳ　［「責任のありよう」と「意思のありよう」の組み合わせ］で［議論の構造］を捉え「再構成」する——〈「議論の構造」〉（230）

「ありよう枠組みの組み合わせ」という枠組みで捉えるための補足テーマ——練習——「応用問題」で議事録に見られる議論の構造を「再構成」する——
……………………………………………………………………………………231

エピローグ——分かったかな？「ありよう」の「ありよう」——……………239
あとがき……………………………………………………………………………249

イントロ
——この本の狙い——

「対象」を捉える「枠組み」とは

(先生)「いきなりでごめんね。「この豆腐、どんな感じ？」
(園児たち)「先生、はーい」、「はーいぃ」、「はぁーーい」
(先生)「(面倒なので) そこの三人」
(Aちゃん)「しろい」
(Bさん)「やわらかい」
(C君)「しかくい」
(先生)「すごい、よくできましたね」
(園児たち) パチパチパチ！！！

　　　　　　　　　　　＊　　＊　　＊

(先生)「いきなりで申し訳ありませんが、「この豆腐」の「ありよう」を表現してみてください」
(ゼミ生)「？？？」、「？？？」、「？？？」
(先生)「(面倒なので) そこの三人」
(Aさん)「グレー」
(B算)「少し硬い」
(CⅢ)「円筒形」
(先生)「そうですね」
(クラスメート) パチぱちパチ！！！

　　　　　　　　　　　＊　　＊　　＊

　これらは、(眼前の)「対象物」を、①［「色という枠組み」で捉えた場合］・②［「硬度という枠組み」で捉えた場合］・③［「形という枠組み」で捉えた場合］の「ありよう」ということになる。このことについての一般的な説明は、A.（眼前の）「対象物」が（同一の）一つのモノであっても、異なる「枠組み」で捉えた場合には、「ありようは異なるものとして現れる」ということになるのだが、面倒なのは、B. ①［「色という枠組み」で捉えた場合］、②［「硬度という枠組み」で捉えた場合］、

③［「形という枠組み」で捉えた場合］の①と②と③では、［(捉えられる眼前の)「対象物」は同一のものではない」のではないか……］という、そもそもの議論が待ち受けていることである。もう少し述べれば、「しろい」・「やわらかい」・「しかくい」は、果たして同一のものを捉えていることになるのか？ということになる。

　そのことについては、そのうちに追々と述べるので(？本当？)、ここでは、「対象物」が(同一の)一つのモノであっても、ソレは一つの「ありよう」だけではなく、いろいろな「ありよう」で存在しているということになっている、というような説明でとどめておこう。ここまでは、いいね。

　では次に進むよ。「制度」でもいいし、「人」でもいい。私たちは、「私たちの外にあるもの」をどのようなものとして描いているのであろうか。もう少し丁寧に言えば、私たちは、「私たちの外にあるもの」を「どのようなものとして捉えることになっている」のであろうか。「人」についてであれば、(ソレが正当なものかどうかは別として)「性別」・「年齢」・「家族構成」などなど、ということになっている。事件が報道される際の新聞紙面を見てほしい。被害者についての「性別」・「年齢」・「家族構成」に「身長」や「職業」そして「服装」等が加えられることがあっても、被害者のことが「星座」や「干支」で表現されることはあまりない。不思議なことに、この「性別」・「年齢」・「家族構成」は、高齢者についての「ケース記録」でも見られる項目となっている。

　「ある人」がどのような人なのかだとか、「ある制度」がどのようなものであるのかということについては、表現されることになる「その人」や「その制度」を最もよく表現できそうな「枠組み」が選ばれることになる。ただし、どのような「枠組み」が選択されるかは固定的ではなく、「表現する側」と「その表現を理解しようとする側」との間で選択されることになる。友達同士であれば、「共通の知人」のことを「星座」・「干支」・「血液型」・「趣味」・「食べ物の好き嫌い」等の「枠組み」

で表現することもあるかもしれない。「かに座」の人がどうだとか、「ネズミ年」生まれがどうだとか、「A型」がどうだとか、という具合である。「星座の枠組み」の「ありよう」で「その人」を捉えるというのもどうかな、という風になりそうであるが、結構、皆さんやっているのである。そして、会話も成り立っている。そこで、皆さんに「ある事件」＝［「京都・湯豆腐・ウドンすき（絡み？）事件」と「裁判」］に立ち会ってもらうことになる。

［「豆腐」と「うどん」］を捉える「枠組み」

　［「京都・湯豆腐・ウドンすき（絡み？）事件」］

「凶器は豆腐だと思われます。頭、頭を見てください」と、関東方面から来たニューフェース（＝新米・ニューライス）が鬼の首をとったように言った途端、地元のベテランは「何ゆうてんねん。凶器は、うどんや。う！ど！ん！首、首の回り。赤い筋がみ・え・な・い・の？」と言って退けた。そこにやってきた、トレンチコートを着た男の「んーん、自殺かもしれん」の一言で、「京都・湯豆腐・ウドンすき（絡み？）事件捜査本部」が設置されることになった。京都では北北西の風、風力4、1013ヘクトパスカル、晴れ。南禅寺が恋しくなる年の瀬。捜査本部で問題となったのは、何らかの事件だとすると凶器はいったい何か、自殺だとしてもどのような方法での自殺なのか、ということであった。

　新米の担当者（注：この人は、、、「今年取れたコメ」の配分を担当する農協の人ではない）は、公務員試験用に買った「用語辞典」をめくっては、「豆腐の角に頭をぶつけて死ね」ともいうじゃないですか、と独り言を繰り返し、ベテランは「電子辞書」を片手に「うどんで首をつる」ともいうやろと反論している。トレンチコートを着た冷静（風）な男（注：この男は、いつもB社の銘柄が見えるようにコートを裏返しにして小脇に抱えるようにしている）の頭脳は、ブラック企業の「パワハラ」がらみの「自殺」の可能性でいっぱいである。冷静（風）なトレンチコートは、今回

ばかりは頑固で、「無粋な奴が自殺を試みたのだよ。わからないの？パワハラ上司に言われたとおりに、本当に豆腐の角に頭をぶっつけたのだよ。粋なことを理解できない人に向かって言われる言葉、スナハチ、「豆腐の角で頭をぶつけて死ね」……が絶対に鍵を握っている」とこれまた譲らない。

「部長、珍しいですね。本なんて読むんですか？」
「ワシでも本くらいは読む。現象学入門だ」
「写真ですか？」
「それは現像（げんぞう）だ」
「現象学なんて関係ないでしょ。これは重大な事件かもしれないんですよ」
「定年まであと三年弱。いい部下に恵まれてワシは幸せだ。三人はいいところまで来てるんだ。」「グルメという「枠組み」で捉えれば「豆腐」は「南禅寺」でとどまってしまう。「凶器」という「枠組み」で見た場合、「豆腐」は、高野豆腐になる前の冷凍させた状態で姿を現すのだ。」

地方裁判所の法廷で
「被告人の家には冷凍機能のついた冷蔵庫はありますか？」
「ありまS……さしすせそ」
「裁判長！本件とは関係ない質問をさせないように！！」
「弁護人はだまって。質問を続けて。」
「質問を変えます。被告人は、食品加工の専門家ですね。今の技術で、うどんはロープのように硬くすることはできますか。硬くなったうどんを元のうどんに戻せますか。」

傍聴席では、想像力をたくましくした傍聴人が固唾をのんで、このやりとりに耳を傾けていた。右後ろの一角には、どういうわけか京都の蹴上のあたりの方々が多く、「そぉかなぁ」「土鍋やで、土鍋。なんで土鍋と春雨のこと聞かへんのかなぁ」「頭の傷は土鍋で、首周りの痕跡は、アツアツの春雨の跡や」なんてざわつき始めた。

「そこの方、退廷！監置！！……となることもありますよ。傍聴席は静かに。」

学生達・歩きながら
「よかったな、今日の裁判。いつもアンナンなんけ？」
「ごっつ勉強なったわぁ。対象物や。枠組みやな」
「もうロースクール行くのやめや。ロースクールあかんな。現象学や、フッサール買うで」
「何ユウテンネン、ソシュールや」
「関係あらへん」
「ちゃう。シニフィアンとシニフィエや」
「ナ、豆腐が残っとったわけや、これは事実や」「うどんと春雨も残っとった」
「ちゃう。そこで豆腐て言うからあかんねん」「豆腐て言うた瞬間に柔らかいやら、絹やら木綿やら、意味がくっついてくるヤン。TOFUを豆腐て言わんと表現してみいな。大豆の搾り汁（豆乳）を凝固剤（にがり、その他）によって固めた加工食品。凍らせたら中に含まれた水分が凍る、そういう物質や。凶器になるで」
「フッサールとソシュール。組み合わせできるかな。」「現象学的言語論。「凶器」の歴史。「狂気」の歴史。これフーコーやな」
「「「凶器」と「狂気」］か……」「久しぶりに学校いこか。水曜の4限、15の101や。社会保障法や。」
「始まってるわ。せんせ、なんや、むずかしこと、いうてるで」

［「枠組み」で捉まえること］とは（教室で①）

「そこで、［把握しようとしている対象］について説明することとしましょう。この講義で［把握しようとしている対象］は、二つあります。一つは「社会保障の法現象」で、もう一つは「社会保障法」ということになります。似たように思える二つのことについて厳密に述べることには無理がありますし、厳密に説明する必要もないと思われますから大雑把に述べておきます」
「遅れてきた、ソコ、静かに」
「社会保障というものは、経済的側面から光を当てて描くことも出来るしぃー、法的側面から光を当てて描くことも出来るわけですね」
「それぞれは、どちらが社会保障の本質に近いものを表現できるかということではなく、対象としての社会保障を捉えて描くための枠組みの相違にすぎないのです。当たり前と言えば当たり前なのですが、捉えるための枠組み次第で、「対象」は異なる「意味合い」を持って現れることとなるわけですね。だ

から、「豆腐」は南禅寺でとどまらずに「凶器」にもなるのですよ」
「この講義、すごいなぁ。深いぃわぁ。いつもこんなんナン」
「なんや、さっきの裁判と似てるな」
「ソコ、静かに」
「では、『この講義』で扱う「社会保障の法現象」とはどのようなものか。もう一度説明しますよ。それは、社会保障についての①法律や規則、②裁判、③法意識等などということになるわけで、これについてはなんとなくわかるね」
「わかりづらいのは「社会保障法」というものです。「社会保障法」については、①②③のような法現象を介して認識し把握することが可能となる、「法としての独自性」を普遍的なものとして有する（抽象的な）規範の体系である、という説明にとどめておきましょうね。「対象」についてはなんとなくわかったね」
「それでは、次に「社会保障の法現象」をどのように捉えるのか？ここにもさまざまな方法があるわけです。代表的なものは、①憲法25条の生存権を手掛かりに、社会保障についての法律や規則、裁判、法意識等などを捉える方法、②歴史的な経緯を踏まえて、その過程で形成される「独自性を持った法」を手掛かりにして、社会保障についての法律や規則、裁判、法意識などを捉える方法、ということになります。私もそのような方法で捉えたことはあるし、大学の講義でそのような方法に頼っていることもあります」
「ただし、『この講義』では、そのような方法とは少し様相を異にする方法に依拠することになります。ここでの方法は、「近代市民法」というものが有している「質」的なものを念頭に置いて、それとの関係を意識して社会保障の法現象を捉えるという方法なんですね」
「わかりますか？どういうことかというと、①「近代市民法」に見られる法的特質を想定して、②ソレの対極に位置する「法」（＝この講義で「社会保障法」と呼んでいるもの）に見られる法的特質を想定し、③法的特質としてみられる「ありよう」の「ありよう」という枠組みを設定し、④その枠組みによって具体的な法現象を捉えるということになります」
「そのようなことから、『この講義』のタイトルを［「ありよう」という「枠組み」］で捉える「社会保障の法現象」］としたわけです」
「では、「社会保障の法現象」を捉えようとする場合、どのようなことについての［「ありよう」という「枠組み」］で捉えることが、『この講義』の狙いに合致することになるのでしょうか。思いつくままに、［いろいろな［「ありよう」という「枠組み」］］をあげてみましょう。それらは、①色の「ありよう」、②

味の「ありよう」、③人々の関係の「ありよう」、④責任の「ありよう」、⑤意思の「ありよう」、などです。そのような中で、「社会保障の法現象」を捉える際に役立ちそうなものは、一体何でしょうか」
「遅れてきた、ソコ、どうですか？」
「色の「ありよう」ではありません」「味の「ありよう」ともちゃいます。多分」
「いいねぇー」「では、なぜ、色の「ありよう」ではないし、味の「ありよう」でもないとなったのか？説明してください」
「せんせ、当たり前でしょ」
「その「当たり前」と言い切る背後にある理屈を意識化してほしいわけですよ」
「たとえ専門家ではなくても、「社会保障の法現象という対象」を把握するための「枠組み」として使用可能なものは、いったい何なのかということについて、例えば、「法として見た場合に……」であるとか、「法律の性格は……」ということを表現するのに使えそうなもの」を想定しているわけです」

[「枠組み」で捉まえること]とは（教室で②）

「さらに厄介なことがあります。それは、A［いろいろな［「ありよう」という「枠組み」］という課題を突破した後に、B［「ありよう」の、いろいろな「ありよう」］が待ち受けていることです」
「AとBは一緒やん、おんなじやんか」
「混乱しかけてる人がいるでしょうから、少しだけ丁寧に表現しておきましょう。Bは、枠組みとして想定されることになるAではなくて、待ち受けているのは［「ありよう」の、いろいろな「ありよう」］なのです。いったいどのようなことか、簡単に説明すると、Aは、捕まえるための「枠組み」にはさまざまな「ありよう」の「ありよう」というものがある、ということであって、これは、まず、①色、②味、③人々の関係、④責任、⑤意思、等などがあり、その後に、何らかの基準によって③④⑤が枠組みとして選択されるという過程です」
「それに対して、Bは、結果として、捉まえられる「対象物」がどのような「ありよう」で存在しているのかということなのです」
「遅れてきた、ソコ、どうですか？わかりましたか？」
「次週からの講義に備えるために、［「ありよう」という「枠組み」］で捉えること］にどのような意味があるのかを説明しておきますね。このことについては、来週から「いや！！というほど」触れることになるので、ここでは簡単

に触れることにとどめておきます」
「ソレは、①「社会保障の法現象」を批判的に捉えるにしても、それが主観の表明にとどまることとなることが多いことから、②「社会保障の法現象」がどのようなものかを客観的に位置づけすることが求められ、③そのためには、「社会保障の法現象」を「法」的に捉えることができる「何らかの枠組み」を事前に設定して、④その枠組みによって、「近代市民法」と対置される「社会保障法」との関係で、「社会保障の法現象」がどのようなものとしてあるかを位置付けできる、ということになります」
「結果として、[「ありよう」という「枠組み」]で捉えることによって、現代日本での「社会保障の法現象」がどのようなものかが分かるということになるわけです」
「ゼ〜ン・ゼ〜ン、全然ワカラン……」
「決めた。フッサールよむわ。わからんと悔しいやんか。絶対、来週も講義でたるで」
「遅れてきた、ソコ、静かに」
「質問してもいいですか。せんせ。『「きょうき」の歴史』。フーコーも読んだほうがいいですか？」
「遅れてきた割に、いいこと質問するね。「狂気」と「凶器」。ぜひ読みなさい。」
「個別の質問があれば、遠慮しないで。ない人は解散」

歩きながら
「あんな講義、初めてや」
「カネないし、家で、湯豆腐食べよ」
「うどんも入れよぉ。餅は？」
「この講義聞いとったら、春学期の「哲学」の２単位もいけてたな」
「あっ、せんせや。もう帰るんですか？」
「遅れてきた、ソコ、静かに……の学生。楽しそうじゃないか。給料が出たので、南禅寺に行くところだが、行くかい？」
「行くだけですか？」
「南禅寺に行くということは、湯豆腐を食べるということで、月給が出たということは、ご馳走してあげるということだ」
「わかる。わかる。せんせ、「シニフィアン」と「シニフィエ」ですね！！」
「ちょっと、んーん……まぁっ、いいか。」

『この本』の全体像

　『この本』の狙いは、①［「ありよう」という枠組みを使用すること］によって、②現代日本の「社会保障の法現象」がどのような状態にあるのかについて位置付け、最終的には、③「社会保障法」というものが持っている法的な特色を捉えようとするものである。

　テーブルの上に「見たことのないモノ」がある。ソレは、みんなのよく知っている「メロンパン」であるが、ソレを見つけたＡ君には、ソレは初めて見たものであった。①［「形」のありよう］でその「初めてみたモノ」を捉えてみたら、［「初めてみたモノ」の「ありよう」の「ありよう」］は「〇」であった。「何だろう」……。用心深いＡ君はまだ触っていない。思い切って、その「丸いもの」を触ってみた。「表面はざらざらしている。食べられるのか？」……次の瞬間に食べてみた。「これはパン（の一種）だ！！ほんのり甘い」……。②［「味」のありよう］で捉えてみたら、［「初めてみたモノ」の「ありよう」の「ありよう」］は「ほんのり甘い」ということになった。そこでＡ君は、この「初めてみたモノ、初めて食べたモノ」のことを友達に伝えたくなった。ここで、Ａ君は立ち止まった。どうすれば、「初めてみたモノ、初めて食べたモノのこと」を伝えられるであろうか。伝えるためには、「これこそが初めてみたモノ（の本質）」であるということを最もよく表現することができるのは「何」であるかを、Ａ君なりに見つけ出さなければならない。［「形」のありよう］で捉えた場合か、［「味」のありよう］で捉えた場合か、いずれであろうか。ただし、これは「Ａ君にとって」という次元でとどまる可能性が高く、友達にとってどうなのかは別問題である。

　ここで大切なことは、以下のようなことに気づくことである。そのＡ君が「初めてみたモノ」は、その「初めてみたモノ」であるから、

いくらA君が頑張って「じーっと」その「初めてみたモノ」を観察したとしても、その「初めてみたモノ」は、その「初めてみたモノ」のままでびくともしない。しかし、工夫次第では、その「初めてみたモノ」がその「初めてみたモノ」のままでとどまることをやめて、「初めてみたモノ」が一体どのようなものか？だとか、さらには、「パンの一種類のようなもの」とはどのようなものか？というような具合に「姿」を現すことになる。

　A君が、「カレーパン」、「アンパン」、「食パン」、「フランスパン」を知っていたということにしよう（知らなかったとしたら、話はもっと複雑化し、面白くなるのだが……）。一つの手順を紹介すると以下のようなものである。①［「形」のありよう］では同じく「○」である「カレーパン」と「アンパン」の傍らに、「初めてみたモノ」を置き、②食べ比べてみる＝［「味」という枠組み］を使用する＝なら、（「カレーパン」や「アンパン」ではない）「初めてみたモノ」を［「味」のありよう］で際立たせることが可能となる。さらに、「食パン」や「フランスパン」を「初めてみたモノ」の傍らに置くなら、食べ比べる前に、［「形」という枠組み］によって「初めてみたモノ」の位置付けは可能となる。とはいっても、どちらか一つの［枠組み］によって「初めてみたモノ」を位置付けることは安定性に欠ける。二つの［枠組み］を組み合わせると、「○」で「ほんのり甘い」パンの一種という具合に、少しだけ「初めてみたモノ」とはどのようなものかに接近することが可能となる。ここで行われていることは、「初めてみたモノ」（＝A君にとっては「？？？」）が有している「形」・「味」・「色」・「表面の具合」を使用して、［パンではあるものの、しかし「皆さんの知っているメロンパン」ではないもの≒例えば「カレーパン」］との比較が可能な状態を作り出すことにより、「A君にとっての？？？」を位置づけする試みである。

　ところで、『この本』で捉えようとしているのは「メロンパン」ではなく、①現代日本の「社会保障の法現象」がどのような状態にあるのか

であり、②「社会保障法」というものが持っている法的な特色について、ということになっている。この場合、[「形」のありよう]や[「味」のありよう]という枠組みは使えるか？と問われた皆さんは、即座に「使えない」と答えるだろう。どのような枠組みが有効なのか？ということについて上手く答えられないにしても、[「形」のありよう]や[「味」のありよう]という枠組みは使えないと即答したのである。「頑張れ！！もう一歩だ。」これからが冒険だ。「もう一度、原点に戻るよ。えーかねー。」……。あなたは、「メロンパン」の代わりに現代日本の「社会保障の法現象」＝どのようなモノかわからない対象物＝を置いて、それがどのようなものかを表現しなければならない立場に置かれたのだ。読者であるあなたも一緒に考えよう！！あなたには、厳密にではなくても、社会保障についてのある程度の知識があるだろう。とはいっても、思い描いている現代日本の「社会保障の法現象」や「社会保障法」が、どのようなものなのかは、期待されているように上手く表現できないかもしれない。

　ここで気をつけなければならないことがある。それは、A．[既知のモノとの関係で、初めてみたものを表現するということ]と、B．[初めてみたモノのみを使用してソレを表現すること]とを混同しないことである。そのことについて「メロンパンを使って」少し述べておこう。まずはB．から。B．は、「メロンパン」自体に入り込んでいって、「他のパンとの関係を与えてくれることのないような道具」で「メロンパン」を説明しようと試みるものである。ただし、このような方法であっても、「説明する側」と「聞く側」は、「メロンパンではないパン」を意識して表現し、聞くこととなってしまうので、厳密に言えば、B．の様な方法は不可能（に近いもの）である。それに対してA．は、「メロンパン以外のパン」にも使用できる「形」、「味」、「表面の具合」等の枠組みを使って、「メロンパン」の位置がどのようなモノかを位置付けしようとする試みである。

社会保障や社会保障法に関する文献はたくさんある。それらの文献は、下手をすれば、「社会保障を使って社会保障を説明する（面白くない）解説本」＝B．のような方法＝でとどまっている。そのような『本』は、上から目線で「このようなモノ」（＝理解しなさい。覚えなさい。）ということが「書かれた紙きれ」になってしまい、受け手の側にとっては、単なる「文字の配置」でしかなくなってしまう。だからといって「批判」だけの『本』もよくない。「このメロンパンはまずい」と言っているだけで、何がどうなのかが理解できない。そこで、捉えて、位置づけするための枠組みが必要となるのである。ではどうするのか。

　『この本』で試みることは、①位置づけされることになる「社会保障の法現象＝メロンパン＝具体的なモノ」がどのようなものなのかを位置付けることを意図して、②［「法＝抽象的なパン」という軸を設定する。その軸の上に「メロンパン」を置いて、「メロンパン」って、「パンとして」いったいどうなのという具合に位置づけするわけである。軸の左側が「無味」で、右側が「めっちゃ、濃い味」という具合にしたいわけだ。具体的な「メロンパン」は少し右側？？だろう。③では、『この本』が対象としている現代日本の「社会保障の法現象」を軸上に置くとしたら、軸の左の極に何を置けばいいのか？そして、軸の右の極には何を置けばいいのか？『この本』では、設定された軸の片方の極には、常に、「近代市民法」の有する特質を表現できるモノを置き、反対側には、「近代市民法」との対比を可能とする＝対極にある＝モノを置くことになる。もう少し具体的に述べれば、例えば、［「責任」のありよう＝「形」のありよう］（私的責任／社会的責任）や［「意思」のありよう＝「味」のありよう］（任意／強制）というような、法的特質という点で対極に置かれるもの＝「近代市民法」との対比を可能とする「把握枠組み」を設定して、④その枠組みのもとで得られた「把握されたもの」の「ありよう」によって、⑤現代日本の「社会保障の法現象」の位置付けを試みて、⑥独自性を有する「法」としての「社会保障法」の把握を試

みるということになる。この作業は、「軸」の両極に、①「近代市民法」的なものと、②それとの対比が意味を持つような「社会保障法」的なものを置いて、その両極を有する「軸」の上に、現実の現代日本の「社会保障の法現象」を位置付けて、「社会保障法」の全体構造を捉えて再構成する作業なのである。

ということで、『この本』の構成は以下のようになる。

まず、第1部は、「この本」が対象としている［「ありよう」で「社会保障法」を捉える］ということについての、「準備と導入」にあたる部分である。何となくわかったような気がする「ありよう」について強く意識するとともに、捉える対象とする「社会保障法」と現代日本の「社会保障の法現象」の関係を理解することにあてられる。

第2部では、「関係のありよう」の構造から現代日本の「社会保障の法現象」と「社会保障法」を捉えることになる。例えば「傷病」というような、「ある事柄」をめぐっての「人」と「人」との「関係のありよう」を［「分断・排除」と「連帯」］を手掛かりとして、「社会保障法」がどのような独自性を有しているのか、さらには、それとの関係で、現代日本の「社会保障の法現象」はどのようなものとして位置づけされるのか？ということについてみることになる。

そして、第3部では、［「責任」のありよう］という枠組みで見た場合、「市民法」との対比で「社会保障法」の独自性はどのように現れてくるのかについて理解し、それとの関係で、現代日本の「社会保障の法現象」はどのようなものとして位置づけされるのか？ということについてみることになる。

第4部では、［「意思」のありよう］という枠組みで「社会保障法」を見ることになる。例えば、「任意」と「強制」というような両極を有する軸を設定して、「社会保障法」がどのような独自性を有しているのか、それとの関係で、現代日本の「社会保障の法現象」はどのようなものとして位置づけされるのか？ということについてみることになる。

第5部では、[「現象の形態」のありよう]という枠組みで見た場合に、「社会保障法」がどのような独自性を有しているのかを理解し、それとの関係で、現代日本の「社会保障の法現象」はどのようなものとして位置づけされるのか？ということについてみることになる。軸の両極には「抽象性」と「具体性」が設定されることになる。

　最後の第6部では、「応用問題」を幾つか設定し、第2部から第5部までで見てきた複数の「ありよう」を、縦軸と横軸にクロスさせて設定し、その縦軸と横軸の枠組みで独自性を有する「社会保障法」を捉え、それとの関係で、現代日本の「社会保障の法現象」はどのようなものとして位置づけされるのか？ということについてみることになる。

この本の構成と「ありよう」枠組みの具体例（全6部の全体像）

第1部　社会保障法とは（導入）
　　　――「ありよう」という枠組みで「社会保障法」を捉える――

第2部　[「分断・排除」と「連帯」]
　　　――「関係のありよう」という枠組みで捉える――

第3部　[「私的な責任」と「社会的な責任」]
　　　――「責任のありよう」という枠組みで捉える――

第4部　[「任意」と「強制」]
　　　――「意思のありよう」という枠組みで捉える――

第5部　[「抽象性」と「具体性」]
――「現象の形態のありよう」という枠組みで捉える――

第6部「ありよう枠組みの組み合わせ」という枠組みで捉える（まとめ）
――「応用問題」で「議論の構造」を捉え「再構成」する――

第1部

社会保障法とは(導入)
―「ありよう」という枠組みで「社会保障法」を捉える―

第1部の全体像

　第1部は、『この本』全体に関わる事柄についての導入部分である。『この本』のテーマは、現代日本の「(現実の)社会保障の法現象」を何らかの枠組みの中に位置付けて、「社会保障法」の全体構造を捉えて再構成する作業である。これは一体どういうことなのだろう。

　「どのような枠組みを設定することによって」、「何」を見るのかということについては、最初によく理解しなければならない。ということで、気をつけなければならないことを二つ挙げておこう。ひとつは「ありよう」についてであり、もう一つは「社会保障法」についてである。「ありよう」ということについて言えば、[「社会保障法」の有する特質「A・B・C」というものが、「近代市民法」の有する特質との関係]で認識されることになる、ということに注目しなければならない。その「A・B・C」の3点にあたるモノが、例えば、①「負担の存否」(=「責任のありよう」)や、②「選択の自由の存否」(=「意思のありよう」)ということになる。もう一つの注意すべきことは、「(現実の)社会保障の法現象」と「社会保障法」を混同しないことである。「介護保険法」のように、具体的な条文という形で存在しているものは「(現実の)社会保障の法現象」ではあっても、(抽象化された)「社会保障法」ではないということである。「具体的な形として存在していないもの」を把握することなど、いったい、出来るのであろうかという疑問について対応することを、第1部の内容としている。もちろん、「把握することの対象」となる「社会保障法」について理解するためには、社会保障をめぐる「諸々の法現象」も念頭に置かなければならない。『この本』が対象としている「社会保障法」とは、抽象的なものではあるが、その抽象的なものとの関係で、具体的なものがどのような位置にあるのかを見る作業はとても大切である。具体的な法現象は常に変化しているし揺らいでいる。揺らぎがどのようなものであるかを観察するためには、「両極」を有している「軸」を設定しなければならない。もちろん、その「軸」は

1つではない。なさなければならないことは、抽象的な「社会保障法」を特徴づけている複数の「軸」を見つけ出し、その「軸」の両極にあるモノを探りださなければならない。結果としてわかってくることは、「社会保障法」が有している「法としての独自性」が、具体的な「諸々の法現象」とともに常に揺れ動いていることである。

(図) 意思のありようの軸

「近代市民法」的な考え方と「社会保障法」的な考え方を念頭に置いて、たとえば、「選択権のありよう(=意思)」という「軸」を設定したとしたら、その「軸」の両極には「任意」(左の極)と「強制」(右の極)というものが現れることになる。このようなことを手掛かりすることによって、抽象的な「社会保障法」を捉える方法は豊富になるし、具体的な「諸々の法現象」の位置付けも可能となる。

> **第1部の具体的な構成**
> 第1章 [「ありよう」の「ありよう」]で「何」を捉えようとするのか
>   ——「対象」
> 第2章 [「どのような」「ありよう」]を使って、[「どのように」「ありよう」]を表現するのか——「枠組み」と「方法」
> 第3章 日本の経緯を[「ありよう」の「ありよう」]で捉える
>   (1. 戦前・戦時)
> 第4章 日本の経緯を[「ありよう」の「ありよう」]で捉える
>   (2. 戦後)
> 第5章 具体的事例を[「ありよう」の「ありよう」]で位置づける

[「ありよう」の「ありよう」]で「何」を捉えようとするのか——「対象」

テーマの設定

あなたは「何か」を捉えて、それがどのようなものかを表現しようとしている。ここには幾つかの不可欠なものがある。最低限必要となるモノを順次挙げていけば、①「何か」＝捉えられる対象、②捉えるための「枠組み」、③表現方法、ということになる。

あなたが、どのような点で[「対象物」の「対象物」らしさが表現できる]と考えているのか、ということとの関係で、「枠組み」は選ばれることになる。その「枠組み」は前提的に存在しているわけではなく、「対象物」をどのようなものとして描くかということとの関係で設定されることとなる。その意味で、まずは、捉えようとしている「対象物」について理解しておかなければならない。

「対象物」として「象」を選んだとしよう。これでは、まだ「対象物」とはなっていない（ともいえる）。「骨格」、「鼻」、「しっぽ」ということが待ち受けている。全体的なものとしての「象」としてあらわれているもののうち、「どの部分・何」を「対象物」とするかは、「対象物」がどのようなものであるかを表現するにあたってとても大切なことである。

この章でフォローすることの道筋
Ⅰ 目的
Ⅱ 新しい法律に見られる「どの部分」を[「ありよう」の「ありよう」]で捉えるのか——「対象」
Ⅲ 法律の改正を[「ありよう」の「ありよう」]で捉える
Ⅳ 裁判例を[「ありよう」の「ありよう」]で捉える
Ⅴ 議論を[「ありよう」の「ありよう」]で捉える

1.1.I [目的]——[「ありよう」の「ありよう」]という枠組みによって捉えようとしているモノが「何」であるのかについて理解する]こと

[「ありよう」の「ありよう」]という枠組みによって捉えようとしているモノが「何」であるのかについて理解する]ことが、ここでの目的である。『この本』で「捉えようとするモノ」は二つある。一つは「日本における社会保障の法現象」であり、もう一つは「社会保障法」である。困難性が生じるのは後者についてである。

例えば、「年金」に関しての裁判では、①「年金に関する法律」に規定されていること自体を巡って争いになることもあるし、②規定されていないことを巡って起こされる場合もある。そのような場合、少なくとも、A.「具体的な法律」について理解していること、B.「生じた現実」を法的に構成すること、C.「条文に書かれていることを解釈する」ための法的な考え方、が必要となる。「具体的な法律」についての知識が豊富であったとしても、「対応しなければならない具体的な状況」が、「条文」に当てはめ可能かどうか、疑わしい場合もありうる。そのような場合、私たちは、「条文」に書かれていることを解釈して現実に当てはめてみたり、「状況」を解釈して「それ」を「条文」に当てはめたりする。その際に動員されるものが、C. に該当する抽象的な「社会保障法」的な考え方である。その抽象的なものは、「歴史的経緯にみられる個別具体的な法現象のうちに見出される普遍的なものを、法的に再構成する」という作業によって導き出されることになる。『この本』で「社会保障法」と呼んでいるものは、具体的な法律や裁判の結果の中に貫かれている「抽象的な法」であり、個々の「社会保障に関する法律」でもないし、その集合体でもない。『この本』では、「日本における社会保障の法現象」と「社会保障法」という二つのモノが「捉えようとするモノ」である。

新しい法律に見られる「どの部分」を［「ありよう」の「ありよう」］で見るのか――「対象」

　私たちは、「新しい法律ができた」という表現をすることがある。この場合、たしかに「新しい法律」なのだが、ソレがどういう意味で新しいのか？というようなことはあまり気にかけない。

　XXXX年に、「要介護という状態」に対応する「○×法」というものができたとしよう。「ふーん、○×法ができたのか」でもよいのだが、それを、［「ありよう」の「ありよう」］という枠組みで見るとするなら、例えば、「責任という枠組み」や「意思という枠組み」が役に立つことになる。例えば、「責任という軸」が設定されたとしたら、両極には「私的な責任」（左の極）と「社会的な責任」（右の極）がある。その両極を持った軸の上のどこかに「現実の○×法」が位置づけされることとなる。「現実の○×法」に備わっているいろいろな法的要素を見て、「真ん中より右」、「もっと左」というように位置づけすることとなる。「左の極」にあるモノは「近代市民法」的な責任のありようであり、「右の極」にあるモノは「社会保障法」的な責任のありようである。

　例えば、「責任という軸」の上で「真ん中より右」に位置づけされたものを、次に「意思という枠組み」で捉えようとしたらどうすればよいか。手順は同じだが、縦軸を設定することによって、「現実の○×法」を、いっそう明確に捉えることができることになる。例えば、両極には「任意」（上の極）と「強制」（下の極）があることになる。そして、例えば、「真ん中の少し上」というような場所に、「現実の○×法」が位置づけされることとなる。結果として、新しい「○×法」は「責任」や「意思」との関係で、どのようなものであるかの位置を得ることになる。実際の「介護保険法」は、たとえば、「ちょっと右」の「少し下」で、左右、上下に揺らいでいる、というように捉えられる。

1・1　［「ありよう」の「ありよう」］で「何」を捉えようとするのか　　21

法律の改正を [「ありよう」の「ありよう」] で捉える

　「形という軸」の上で、「○」という位置を得ていた「メロンパン」が、その後に「□」に形を変えたとする。この場合、変形という作業がなされることによって、「○」という位置を得ていた「メロンパン」の位置は揺らぐことになる。法律の改正を [「ありよう」の「ありよう」] 捉える作業は、法改正という現象をこのようにして捉まえる作業である。平成6年の健康保険法の改正によって創設された「入院時食事療養費」という給付を手がかりにしてみよう。

　A君とB君が全く同様の「骨折」をしたとしよう。A君は自宅療養で昼御飯を近くのコンビニで買ってきた。入院したB君は病室で昼ご飯を食べていた。はたして、二人の食べた食事は保険給付の対象となるのであろうか。可能性は、①「両方とも自費とする」、②「両方とも保険給付とする」、③「入院の場合については保険の対象とする」、④「自宅の場合だけ保険給付とする」ということになる。結論の分かれ目は、「食費の支出」についての「責任のありよう」ということになる。ところが、そのB君が、腎臓の病気で入院しており、減塩などの「食事療養」が必要な状態であったらどうであろうか。ここでは、前に考えたこととは異なる「責任のありよう」が出てくることとなる。それは、「薬」と同じように「食事」を位置づけるというものである。ただし、「お米」、「水」などは通常のものを使用しているとしたら、「お米」、「水」などの「基本」となる部分は、傷病の状態とは関係ないので、「私的な責任」で対応してもらうということになる。「入院時食事療養費」の創設が私たちに教えてくれるものは、「ひと固まりのように見える傷病による入院」であっても、細かくみれば、その中には、「私的な責任で対応すべき（とされる）部分」と「社会的な責任で対応すべき（とされる）部分」が混在しているということである。

裁判例を［「ありよう」の「ありよう」］で捉える

　いわゆる「障害学生無年金訴訟」は「強制被保険者」とされなかったことについて、本質的な問題を提起したといえる。

　ところで、あなたは、年金（保険）の「被保険者」という地位をどのようなものとして見ているだろうか。①払っていてももらえそうにないので、できれば加入したくない。②加入したい人だけ加入すればよい。③有無を言わさず、強制的に加入させるべきだ。ここにみられる相違は、社会保障における「意思のありよう」の「ありよう」という形で現れたものである。もちろん、これについては「意思」だけが関わっているのではない。「人と人との関係＝連帯」や「責任」という「枠組み」でも、それぞれの結論を位置付けることが可能である。

　そこで、あなたに質問を一つ。もし、［無理に「被保険者」とならなくてよい］＝加入を本人の自由な意思に任せる＝というものであったとしたら、あなたは、「払っていてももらえないかもしれない」ので、加入しないと考えるかもしれないし、「障害年金」や「遺族年金」ということも考慮に入れて、「加入する」となるかもしれない。こうなってしまうと、［避けることが困難な「高齢」、「障害状態」、「死亡」に対応する制度には、可能性のあるすべての人が加入する］という社会保障制度の根本が揺らぐことになる。留学というような短期の在日期間の者については、「老齢（基礎・厚生）年金」に結び付きにくいものではあっても慎重に対応すべきである。なぜなら、「障害」についての年金、「遺族」についての年金を受給できる可能性があるからである。「受給」ということばかりで「地位」を位置付けるのではなく、「意思」や「責任」という「枠組み」で被保険者の法的「地位」を位置付けることをするなら、社会保障としての法的な独自性が浮かび上がることになる。

議論を [「ありよう」の「ありよう」] で捉える

　2004年の年金大改革と同じころに存在した「年金」を巡る議論について取り上げてみよう。具体的に取り上げるのは、①いわゆる「障害学生無年金訴訟」訴訟と、②「払った分だけもらえるのか」という議論である。ここで注目しなければならないことは、社会保険に加入することの「任意」と「強制」という、社会保険における「意思」についての対照的な考え方が、同時期に存在していたことである。前者に見られたものは「強制的に被保険者とされなかったこと」についての「強制被保険者」としてほしかった＝強制性を求める＝という考え方であり、後者にあるのは、「強制的に被保険者とされていること」についての「強制被保険者」としてほしくない＝任意性を求める＝考え方である。

　2004年の年金大改正を巡る大きな議論、そして、その後の「消えた年金」、「宙に浮いた年金」については、メディアやにわか仕立てのコメンテーターが、「払っただけもらえるのか」というような損得勘定をあおりたてた。「払ってももらえないなら、払うのが馬鹿らしい」、「もらえない可能性があるのなら、強制的に加入させられるのは嫌だ」というような、「任意性」を強調する発言も多かった。

　「責任」ということで捉えるなら、ここで問われることになるのは、①私的な責任というような意味合いを込めて社会保障の社会保険を捉えるのか、②社会的な責任というような意味合いを込めて社会保障の社会保険を捉えるのか、ということになる。「意思」（横軸の左が任意性が強い）と「責任」（縦軸の上が自己責任性が強い）をクロスさせるような捉え方をするなら、実際の制度は「右下」の方に位置することとなる。ただし、現実を見れば、常に、「左へ」と揺らぎ、「上へ」と揺らいでいる。もちろん、民間保険の位置は左の上の方だ。

[「どのような」「ありよう」]を使って、[「どのように」「ありよう」]を表現するのか
――「枠組み」と「方法」

テーマの設定

「何か」を把握して表現しようとすれば「枠組み」が不可欠である。「ネコ」であれ、「メロンパン」であれ、「ソレ」が何であるかについては、「形」、「触った具合」、「味」、「色」……というような、「対象物」を捉えるための「枠組み」が必要である。そして、その「枠組み」は、捉えようとしているあなたが、[どのような意図で「対象物」を表現しようとしているのか]ということとの関係で決まってくることになる。少し丁寧に言えば、[「対象物」のどのような点に着目することによって、「対象物」の「対象物らしさ」が表現できる]という具合にあなたが考えているのか、ということとの関係で「枠組み」は設定されることとなる。では、「社会保障の法現象」や「社会保障法」を「対象物」とする場合、どのような「枠組み」の設定が有効性を発揮するのであろうか。そして、どのような「方法」で表現することになるのであろうか。

この章でフォローすることの道筋
- I 目 的
- II 「枠組み」とは
- III 「社会保障の法現象」を「対象物」とする際の様々な「枠組み」
- IV 「方法」とは
- V 「社会保障の法現象」を「対象物」とする際の「枠組み」と「方法」

1.2.1 [目的]——[「枠組み」と「方法」]について理解すること

[「社会保障の法現象」や「社会保障法」を対象とした場合、それをどのような「枠組み」で捉えて、どのような「方法」で表現するのかという仕組みについて理解すること]がここでの目的である。

私たちは、種々の「社会保障関係の法律」の内容について、正確に説明できなくても、「介護保険法」や「生活保護法」が存在していることについては知っている。そして、「社会保障法」ということについても、なんとなく「あのようなもの」ということで理解している。ここで問題となるのは、「社会保障法」という名前のついた法律がないのにもかかわらず、「社会保障法」という用語のついたモノを、なぜ、そして、どのように知っているのかということである。正確にではなくても、「このようなもの（だろう）」として知っているはなぜなのだろうか、ということもとても不思議なことである。たぶん、「法律」や「法」ではあっても、「介護保険法」や「生活保護法」を「民法」や「刑法」の仲間として位置付けことをせずに、それらとは異なる質的な要素を持っているものが存在していると位置付けているからであろう。

では、どのようにして、「民法」や「刑法」とは異なる質的な要素を持っているように感じられる「社会保障法」というものを認識しているのであろうか。そこにあるのは、①同じく「法」として存在しているものであっても、②「何らかの枠組みで捉えたら異なる像が浮かび上がる」という思考方法であろう。実際それでいいのだが、場当たり的な方法や思いつきというのは、正答であることもあるが一貫性に欠けることが多い。「何らかの枠組みで捉えたら異なる像が浮かび上がる」という思考方法を意識化して磨きあげなければならない。そのためには、[「枠組み」と「方法」]について理解することが不可欠である。

[「枠組み」とは]

[「枠組み」とは]何だろう？という一般的なことから始めよう。前にも少し触れたが、わざわざこのようなことについて触れるのは、[「枠組み」]について理解していないと、「好き嫌い」や「良し悪し」で「社会保障の法現象」や「社会保障法」を語ってしまうことになるからである。「好き嫌い」や「良し悪し」でもいいじゃないか、というように考えるかもしれないが、「好き嫌い」や「良し悪し」についてでさえ、「……という点で」だとか、「……という観点で見れば」ということが背景にはある。私の友人のフランス人は「納豆」について「においは嫌い」だけど「味は好き」という人がいる（実際）。「納豆」まで持ち出さなくてもいいのだが、「好き嫌い」を左右しているのは「においのありよう」であり、「味のありよう」である。とはいっても、「納豆のありよう」は、A.「においのありようという枠組み」だけで表現できるものではないし、B.「味のありようという枠組み」だけで表現できるものではない。しかし、二つを組み合わせるといい所まで来る可能性がある。いいところまで来たとしても、次には「好み」や「個人差」があるなんてことになる。そこで、個人の好みはさておき、多くの人が「あー、そうなのか」と思える「枠組みらしきもの」が必要になる。

「法」についての「枠組み」となると、「法に内在しているありよう」が有用性を発揮する。ただ、「法に内在しているありよう」といっても、どのような点での「ありよう」を使うかが問題となる。そこで、皆がよく知っているものの「ありよう」を利用して、表現したい「対象物」の「ありよう」を捉えて表現することで「あー、そうなのか」と理解できるものが得られる。もっと言えば、「枠組み」を交換することによって、かなりの作為的なことも可能となる。

1・2・Ⅲ ［「社会保障の法現象」を「対象物」とする際の様々な「枠組み」］

　「社会保障の法現象」と「社会保障法」を捉えてみようというものが『この本』の狙いである。では、それらの「対象物」を捉えるための「枠組み」はどのようなものなのであろうか。

　近代市民社会が成立する以前、「物を巡る関係」についても、「人々との相互関係」についても、多くのことを規律していたのは「身分」であった。近代市民革命によって、人々はそのような身分的束縛から解放された。封建的な身分的拘束から解放された人々は、自由・放任（レッセ・フェール）の状態に置かれたのである。そのような近代市民社会の基本的考え方を「法の世界」へ投影させたものが「近代市民法」と呼ばれるものである。だれもが平等なチャンスをもっているということを前提として作られた「法の世界」では、所有権絶対と契約自由の原則が中心的な価値となったのである。

　個人活動の自由の保障は、「個人が、多くの機会の中から自由に選択したのであるから、その責任はその個人が負うべきである」という個人責任の原則（＝個人の責任に関して社会や国家は介入すべきでないという原則）につながる。このような考え方を「法の世界」に反映させた「近代市民法」の傍らに「社会保障の法現象」を置くことによって、「社会保障法」は独自性を有するモノとして現象する。労災の多発、児童や女子の労働力の磨滅など、資本主義社会が進展する過程において、個人責任の原則は貫き得なくなってきた。労働者個人や個別の使用者の「責任」を超えて、「社会的な責任」で対応すべきであるという考え方が芽生えてくる。以上のことを踏まえると、［「社会保障法」を「対象物」とする際の様々な「枠組み」］は、例えば、「責任のありようという枠組み」であるし、「意思のありようという枠組み」ということになる。

[「方法」とは]

　資本主義社会が進展する過程において、各個人が自らの財産や収入のみによって生活することができない場合は、社会や国家が何らかの形で対応することが必要であると考えられるようになってきた。初期的には、労働時間の規制、女子・年少者の保護規定などが 19 世紀の中頃以降に芽を吹き始め、労働基準法の前身的なものが登場したのである。ここでは、「労働者」と「使用者」という、両当事者の「自由」意思を超えた国家意思が契約の内容を規制することとなった。このことを考えれば、「社会保障法」を捉まえるためには、「意思のありよう」という「枠組み」を設定することが有効そうである。

　その後、「労働災害に関する法制」、「労働者やその家族の傷病に関する法制」も見られるようになってきた。それらは労働力の確保や再生産を目的としたもので、「社会保障に関係する法律」の初期的なものである。「傷病」という出来事についての「責任のありよう」で捉えれば、「初期的社会立法」に見られる「責任のありよう」は、「傷病という状態になった本人の責任」とは異なる「責任のありよう」ということになる。とはいえ、各国の歴史的、経済的事情により、歴史的過程には差があることは事実である。日本やドイツでは、いわば上からの法制化の色彩が濃いのに対して、イギリスやフランスでは、労働者達の自主的な組織化が法制化に強い影響を与えたといえよう。いずれにしても、このように芽を出した初期の社会立法は、「意思のありよう」や「責任のありよう」という点において、「傷病」についての、それまでの「ありよう」とは異なるものを内包していた。このように、それ以前の状態との対比を可能とする幾つかの「枠組み」を設定する方法を採用することによって、「社会保障の法現象」や「社会保障法」を捉える事が可能となる。

[「社会保障の法現象」を「対象物」とする際の「枠組み」と「方法」]

「医療の保障」の展開過程を例に取り上げて、[「社会保障の法現象」を「対象物」とする際の「枠組み」と「方法」]を見てみよう。

日本では、1922年に「健康保険法」(法70)が制定された。当初の健康保険法は、強制被保険者を「工場法ノ適用ヲ受クル工場又ハ鉱業法ノ適用ヲ受クル事業場若ハ工場ニ使用セラルル者」とし、臨時に使用される者や年収1200円を超える職員は除いていた。もちろん、「家族の傷病」に関する給付はなく、「業務上・業務外の傷病」を給付の対象としていた。これを「傷病」についての「責任のありよう」という「枠組み」でみるなら、ごく限られた労働者本人の「傷病」が、「社会的な責任」で対応されるべきものとされた、ということになる。

その後、健保法は、「強制被保険者」の範囲を拡大し、併行して、職員健康保険法、船員保険法が制定され、医療の給付を受ける者は拡大していった。これについて、「意思のありよう」という「枠組み」でみるなら、「任意性」を排除する形で制度は拡大していったということになる。さらに、国民健康保険法(1938年、法60)の制定によって、医療の給付を受ける対象者は非労働者層にまで拡大された。さらに、家族の傷病に対しての補助金の給付を定めた健保法の改正(39年・法74、40年・勅373)、家族療養給付に対する二分の一の法定給付を定めた改正(42年・法38、勅826)もみられた。戦後は、いわゆる「国民皆保険体制」が達成され=包括的な強制性の実現=、さらには、生活保護による医療の給付や社会福祉制度による医療の給付も存在するに至っている。このような過程を「傷病」という出来事についての「責任のありよう」で捉えれば、①「私的な責任」から「社会的な責任」への移行ということになるし、②「意思のありよう」で捉えれば、「任意性」から「強制性」への移行ということになる。

日本の経緯を［「ありよう」の「ありよう」］で捉える（1. 戦前・戦時）

テーマの設定

　戦前、戦時体制下の日本の経緯を［「ありよう」の「ありよう」］で捉えることが、この章を通じてのテーマとなる。社会保障というと、第二次大戦後のことと考えがちである。しかし、［「ありよう」の「ありよう」］で実際の歴史を見てみると、そう簡単に片づけることができないことがわかる。なぜなら、「責任のありよう」で捉えた場合でも、「意思のありよう」で捉えた場合でも、現在の状態の原型は、1922年の「健康保険法」であり、戦時体制下にできた「労働者年金保険法」とその後の「厚生年金保険法」であるということができるからである。そうなると、「ありよう」という「枠組み」で見た場合、戦前、戦時下の「ありよう」は、現在のものと連続しているものなのであろうか、それとも、断絶しているものなのであろうか。

> **この章でフォローすることの道筋**
> Ⅰ　戦前・戦時の医療保障
> 　　――健康保険法の登場の「ありよう」の「ありよう」
> Ⅱ　戦前・戦時の医療保障
> 　　――その後の展開の「ありよう」の「ありよう」
> Ⅲ　戦前・戦時の所得保障
> 　　――労働者年金保険法の登場の「ありよう」の「ありよう」
> Ⅳ　戦前・戦時の所得保障
> 　　――その後の展開の「ありよう」の「ありよう」
> Ⅴ　戦前・戦時の公的扶助――一般的な救貧制度と特殊な部門の救貧制度の「ありよう」の「ありよう」

［戦前・戦時の医療保障
　——健康保険法の登場の「ありよう」の「ありよう」］

　大企業や官業では、明治期から共済組合が医療保障の先駆的な試みを実施していた。これらは恩恵的色彩の濃いもので「任意性」の強いものであった。国による制度としての医療保障の前身的形態のものが誕生するのは、大正 11 年（1922 年）の「健康保険法」の制定を待たなければならない。制定当初の「健康保険法」は、保険者を政府と健康保険組合とし、「強制被保険者」を「工場法ノ適用ヲ受クル工場又ハ鉱業法ノ適用ヲ受クル事業場若ハ工場ニ使用セラルル者」としていた。

　「傷病」という出来事についての制度を創出しようと意図した「法案」を、「責任のありよう」という枠組みで位置づけようとするなら、ソレは以下のようなものとしてあらわれてくる。具体的には、「……労働力ヲ唯一ノ収入ノ資源ト致シテ居リマスル労働者ガ、病気トカ怪我トカ云フ災害ノ襲來致イタシマス爲ニ、一方ニハ収入ノ途ヲ失ヒマスルシ、他ノ一面ニハ醫藥等ノ費用ヲ必要致シマスガ爲ニ、往々労働者ニ付テ其家族ヲ驅って、窮境ニ陥ラシムルコトノ例ニ空シカラヌコトハ……（中略）……而シテ是等ハ不斷カラ斯様ナ場合ニ備ヘル爲ニ、他日ノ計ヲ考慮セシメテ置ケバ宜シイト云ヤウナ譯デアリマスケドモ、彼等ノ知識道徳ノ程度ガ低イ事デゴザイマスシ、爲ニ、遠キヲ慮ッテ將來ノ計ヲ爲スト云フ念慮ニ乏シイノデゴザイマスシ、又往々之ヲ爲シタイト思ヒマシテモ其餘裕ガゴザイマセヌ……」（政府委員・四條隆英）（第 45 回帝國議會貴族院『健康保険法案特別委員會議事速記録第一號』大正 11 年 3 月 20 日 1 ページ）ということになる。ここから読み取れることは、「傷病」という出来事について、制度の対象となる人々が「将来のことに備え得る能力に欠ける」から、「私的な責任に任せておいては無理」であるので、「社会的な責任」で対応するというものである。

[戦前・戦時の医療保障
　——その後の展開の「ありよう」の「ありよう」]

　健康保険制度が創設されたのち、健康保険法は、1934年、41年、42年と「強制被保険者」を拡大した。あわせて、年間収入による除外も1800円（42年）、2400円（44年）と緩和されることとなった。さらに、健康保険法の改正と併行してなされた新しい法律の制定＝職員健康保険法（39年・法72）、船員保険法（同年、法73）］により、医療の給付を受ける人々の範囲が拡大した。さらには、適用対象を非労働者層に拡大した国民健康保険法（1938年・法60）の制定も重要である。また、家族の傷病に対しての補助金の給付を定めた健康保険法の改正（39年・法74、40年・勅373）、家族療養給付に対する二分の一の法定給付を定めた健康保険法の改正（42年・法38、勅826）も忘れてはならない。そして、結核性の疾病については給付期間を一年に延長し（39年・法74、40年・厚令19）、「処置、手術、其ノ他ノ治療」についての一回20円という制限をなくしている（42年、勅35）。このような歴史的経緯を、「責任」の「ありよう」で捉えるならば、「社会的な責任」で対応される「傷病」についての範囲の拡大過程ということになる。さらに、戦時体制下ということと相まって、適用を受ける者の「任意性」が排除されることになったし、さらには、「医療の供給体制」についても「強制指定制」がとられることが生じた。これらのことを「意思のありよう」という枠組みで見るならば、「強制性」が全面に展開されることとなった時期でもある。逆の見方をするなら、医療をめぐる「任意性」が限定的なものとなった時期である。

　一部の労働者を「強制被保険者」とする制度から出発した「医療の保障」ではあったが、1944年の段階では、各種の医療保険の適用を受ける者の数は約5000万人にまで達している。

[戦前・戦時の所得保障
――労働者年金保険法の登場の「ありよう」の「ありよう」]

　官吏や軍人の扶助料制度や恩給制度等は、所得保障の先駆的なものといえる。一般労働者については、船員保険法が総合的な社会保険として年金制度を創設したことを挙げることができるが、官吏や軍人についての制度と比べれば、50年も後のことであった。所得保障の契機として注目されるのは、「退職積立金及退職手当法」（1936年・法42）である。これは、常時50人以上の労働者を使用する工場法の適用を受ける工場・鉱業法の適用を受ける事業場に適用されるものであった。概要は、労働者の賃金の100分の2を労働者に替わって事業主が退職積立金として積み立て（11条）、事業主はそれに相当する額を退職手当積立金として積み立て（16条）、一定の要件を満たした場合に退職手当を支給するというものである。大企業などで「任意」に行われていた退職金制度というものを、一部の事業所に「強制」することになったのである。

　「退職」・「失業」という出来事についての制度創出の意図を、「責任のありよう」という枠組みで位置づけるなら、「……労働者ハ實際問題ト致シマシテ、少シク金ガ溜リマスト云フト、直グニ色々ノ事情ヲ申出デマシテ拂戻シヲ請求スルノガ今日迄ノ實情デアルノデアリマス……」（政府委員・赤松小寅）（第69回帝國議會貴族院『退職積立金及退職手當法案特別委員會議事速記録第二號』昭和11年5月25日21ページ）という発言や、「本案制定ノ大キナ目的ノ上カラ申シマシテ、労働者自身モ自助的ニ自身ノ退職後ノ用意ヲシテ、成ルベク社會ニ御迷惑ヲ掛ケルコトヲ自ラ少クスル心掛ヲ致シテ行クト云フ、道徳的意味ヲ強調致シマス必要上、多少ノコトハ我慢シテ貰ヒマシテモ、是ハ強制貯金デ參ルノガ妥當デアルト考ヘマシテ……」（同）（同22ページ）という発言に見られるように、「私的な責任に任せておいては無理である」ので、「社会的な責任」で実施するというものであった。

[戦前・戦時の所得保障
——その後の展開の「ありよう」の「ありよう」]

　1941年には陸上労働者のための「労働者年金保険法」（法60）が制定された。保険者は「政府」であり、「強制被保険者」は1922年に制定された「健康保険法」と同様に、重要基幹産業に従事する労働者とされた。ただし、「女子」や「帝国臣民ニ非ザル者」は被保険者とされないこととなった。保険事故は、「老齢」、「廃疾」、「死亡」、「脱退」であり、保険給付は「養老年金」、「廃疾年金・廃疾手当金」、「遺族年金」、「脱退手当金」であった。44年には厚生年金保険法と改称され、「女子」も「強制被保険者」となり、「保険事故」に「婚姻」が加わった。ここでのせめぎ合いは、「所得の喪失」や「支出の増大」を、「私的な責任」で対応すべきことがらとするか、否か、という点である。それらについて、もし、「私的な責任」で対応すべきであるとされていたのであれば、そのような考え方を転換させなければならない「事情」が生じたということになる。制度創設の「事情」については、①労働者の労働移動に対しての足どめ策であった（＝長期間「被保険者」となることによって年金受給権を手に入れる）、②「戦費調達のための立法」であった、というように説明されることがある。

　「労働者年金保険法」が、「女子」を「強制被保険者」としなかったことについて、「女子」が差別されたと安易に位置付けすべきではない。当時の議事録などを見れば、大切な［「家」制度］をいかに守るのかが議論されており、戦争末期の1944年の法改正でも、「女子」を被保険者にすることについては、「労働力確保」と［「家」制度維持］との間で議論は揺れている。法改正により、①「婚姻」というできごとを保険事故として、「婚姻」に「社会的な責任で対応すること」になったことと、②「婚姻」するか否かを「自由意思で決めること」が揺さぶられたことには注目しなければならない。

1・3・V ［戦前・戦時の公的扶助―― 一般的な救貧制度と特殊な部門の救貧制度の「ありよう」の「ありよう」］

　日本における公的扶助法制の生成と展開は、「一般的な救貧法制」と「特別な部門におけるソレ」とに二分して捉えることが出来る。

　「一般的な救貧法制」は「恤（じゅつ）救規則」（1874年、太政官達162）から「救護法」（1929年、法39）へということになる。「恤救規則」の特色は、済貧恤救（＝貧しい人の救済）を「公的責任」で行うものではなく、「人民相互ノ情誼」（＝人々が互いに助け合うという思いやりの感情）により行うという前提にたっていた点にみることができる。その前提のもとで、極貧で独り身の労働能力のない者を「目下難差置無告ノ窮民」として救済するというものであった。「恤救規則」のあとをうけたものが昭和4年の「救護法」であり、1932年に実施された。「恤救規則」と比べて「救護法」は、救済対象を拡大したものとなった。保護の内容も豊富になり、市町村の「責任」もある程度明確にするものではあったが、今日の私たちが知っている受給権の保障はなく、その意味では、未だ十分なものではなかった。

　「一般的救貧法制」の不十分性を補足していたものは、「特殊な部門での救貧法制」である。それらは、例えば、伝染病予防法（1897年、法36）、北海道旧土人保護法年法（1988年、法27）、結核予防法（1919年、法26）、母子保護法（1937年、法19）、医療保護法（1941年、法36）というような公衆衛生的法規や取り締まり的法制であり、また、廃兵院法（1906年、法29）、軍事救護法（1917年、法1）というような軍事関係の法制であった。総合して考えるなら、「貧困という状態」は、「貧困それ自体」に光が当てられたのではなく、「社会的不安を引き起こす事柄」とされ、そのような場合に限定して、「社会的な責任」で対応される事柄と位置づけされたのである。

日本の経緯を［「ありよう」の「ありよう」］で捉える（2. 戦後）

テーマの設定

「社会保障法」とはどのような法的特徴を持ったものなのかについて、日本の歴史的経緯を［「ありよう」の「ありよう」］という枠組みで、とりわけ、戦後の経緯を捉えることが、この章を通じてのテーマとなる。

戦後の社会保障関係の制度が出来上がっていく経緯については、5つの時期に区分することが理解を容易にする。まずは、①戦後間もなくの状態についてである（昭和20年代）。この時期は、制度的に見ても、戦後処理的な色彩が濃い。そして、②「国民皆保険」と「国民皆年金」が達成された時期である（昭和30年代初頭から30年代後半まで）。さらに、③ほんの一瞬であるが、社会福祉関係の制度の展開の時期がある（30年代後半）。その後にやって来るのが、④社会保障の見直し（前半）であり、⑤社会保障の見直し（後半）ということになる。このような制度的経緯の過程で、「責任のありよう」や「意思のありよう」等の点で、独自の［「ありよう」の「ありよう」］を持った「社会保障法」が形成されることとなるわけである。

この章でフォローすることの道筋
I　戦後間もなくの「ありよう」の「ありよう」
II　国民皆保険・国民皆年金の「ありよう」の「ありよう」
III　社会福祉制度の展開にみられる「ありよう」の「ありよう」
IV　社会保障の見直しの「ありよう」の「ありよう」①
V　社会保障の見直しの「ありよう」の「ありよう」②

[戦後間もなくの「ありよう」の「ありよう」]

戦後日本の社会保障は、日本政府とG.H.Q.との文書の往復によって基本的方向性を定めていった。基本的方向性を定めるにとどまるものではあったが、その過程で定まっていった「ありよう」の「ありよう」は、「無差別平等性の確保」や「国による統一的責任」というもので、後の社会保障が展開するにあたっての鍵を握るものであった。

1946年には、「(旧)生活保護法」が制定され、「日本国憲法」も制定された。憲法がその25条で「①すべて国民は、健康で文化的な最低限度の生活を営む権利を有する。②国は、すべての生活部面について、社会福祉、社会保障及び公衆衛生の向上及び増進に努めなければならない。」と規定したことは画期的なことであった。

47年には、労働者災害補償保険法が制定され、健康保険法は私傷病のみを対象とするものに改正された。これによって「傷病」についての[「責任」のありよう]が一層明確化した。同じく健保法では「療養の給付」の期間を3年に延長する等の改正が53年になされた。48年には国民健康保険法が改正され、市町村公営（＝公的責任）を原則とすることとなった。所得保障については、戦前、戦時からの法律の部分的改正や戦後の全面改正（厚生年金保険法、54年）等がおこなわれている。

公的扶助については、46年に「(旧)生活保護法」が制定された（法17）。初期的な社会福祉法制としては、47年に「児童福祉法」（法164）、49年に「身体障害者福祉法」（法283）が制定された。これらは戦後処理との関係を色濃く持ったものとして制定されたのであるが、児童の状態や身体の状態を「社会的な責任」で対応する事柄としたのである。また、51年には社会福祉の全分野についての基本枠組みを定めた「社会福祉事業法」（法45）が制定され、失業に関しては、47年に「失業保険法」（法146）が制定されている。

[国民皆保険・国民皆年金の「ありよう」の「ありよう」]

1950年に、社会保障制度審議会は「社会保障制度に関する勧告」を出している。重要なことは、この勧告が「国民が困窮におちいる原因は種々であるから、国家が国民の生活を保障する方法ももとより多岐であるけれども、それがために国民の自主的責任の観念を害することがあってはならない。その意味においては、社会保障の中心をなすものは自らをしてそれに必要な経費を拠出せしめるところの社会保険制度でなければならない。」としていることである。これを契機として、その後の社会保障制度は各種の社会保険制度（＝拠出する「責任」を負う制度）を核として展開を見せはじめた。具体的には、その人的適用範囲を全国民的規模にまで展開させるという「国民皆保険」体制・「国民皆年金」体制の実現（＝「強制性」の確保）に向けて制度は展開し始めた。この時点で、「個々人が負う拠出という責任」を「社会的な責任」の中にどのようなものとして位置づけるかが問われることとなった。

医療保障では、「国民健康保険法」が58年に全面改正され、すべての市町村、特別区で国民健康保険が実施されることとなった（61年）。人的適用範囲という観点では、他の被用者保険とあわせて、国民皆保険体制が達成された。給付面でみると、「療養の給付」の期限が撤廃された（63年）ことが、「社会的な責任」の普遍化という意味で重要である。所得保障では、59年に「国民年金法」が制定された（法141）。これによって、従来、公的年金制度の網からこぼれていた自営業者などについての所得保障の基礎が出来上がった。国民皆年金の基礎が出来上がったとはいえ、それは「任意性」の余地を大きく残しているものであった。

公的扶助については、戦後まもなく制定された「(旧)生活保護法」が現行の「生活保護法」に全面改正されている（50年・法144）。

1.4.Ⅲ ［社会福祉制度の展開にみられる「ありよう」の「ありよう」］

　［国民皆保険と国民皆年金］＝社会保険関係法の適用範囲の拡大＝を「関係のありよう」という枠組みで捉えるなら、［「分断・排除」から「連帯」］へということになる。この時期に、「社会的な責任」で対応されていなかった分野での開花がみられたことも重要である。具体的な立法としては、「精神薄弱者福祉法」（1960年、法37）、「老人福祉法」（63年、法133）、「母子保健法」（65年、法141）などを挙げることができる。この時期まで、「貧困な者」の一類型として制度の対象となっていた高齢者は、「老人福祉法」の制定によって、「高齢であること」自体からくるリスクやニーズに着目される存在となった。

　法改正として挙げることができるのは、「児童福祉法」による「療育医療の給付」（58年）、「身体障害者福祉法」による「更生医療」の給付（54年）、身体障害者福祉法の給付対象者として内部障害者も取り入れるなどの改正（67年）である。これらにより、「児童」や「身体障害者」についての戦後間もなくからの位置（＝戦争との関係を意識した位置）づけの転換がなされた。72年には、「老人福祉法」が改正され、医療保険の自己負担分を公費で負担する「老人医療無料化」という「社会的な責任」の拡大がなされることとなった。

　医療保障については、「被用者保険の被扶養者」と「国民健康保険の被保険者」に関して、「療養の給付」の給付率アップが行われ、各種制度の制度間格差や被保険者と被扶養者の間での「平等性」の確保が進んだのもこの時期である。健康保険については、73年に被扶養者についての給付率が7割（自己負担3割）となり、国民健康保険については、68年に世帯員全員について7割給付の完全実施が行われたのである。この時期、日本の社会保障制度が量的・質的に花開いたが、同時に、社会保障制度の見直しが始まることになる。

[社会保障の見直しの「ありよう」の「ありよう」①]

　1970年以降、日本においても社会保障は揺らぎを見せはじめる。その揺らぎは、①社会保障の財政問題、②女性の社会進出、高齢化、国際化、地方分権化などとの関係で複雑な様相をおびている。このことは、「責任のありよう」や「意思のありよう」という形で制度に具体化されることとなる。とりわけ②にみられるものは、新しい現象や価値との関係で社会保障の方向性を規定するというものである。実際は、①と②の両者がミックスされて現実選択の道筋をたてるということになるのであるが、「①を解決するための方便」として「②を理由として掲げる」という手法が採られることが多いといえる。

　医療保障については、75年に「健康保険法」の大改正がおこなわれている。これは、賞与（ボーナス）についての特別保険料の徴収を定めるなど、医療保険の財政問題と密接に関係するものであった。続いて、82年には「老人保健法」（＝その後の「高齢者の医療の確保に関する法律」）が制定されている。この制度の創設については、72年の「老人福祉法」の改正で導入された「老人医療費無料化」について、一部負担を持ち込む改正という位置付けもできよう。84年には、「健康保険法」の「療養の給付」について、被保険者の2割負担（附則により、当面1割とされていたが、97年から2割となった）が導入された。医療の供給体制については、85年、都道府県に「地域医療計画」の策定を義務付ける等を内容とする「医療法」の改正が行われた。しかし、この改正も、積極的に地域医療を確保するためのものというよりは、病床規制等による医療費削減に主眼を置いたものであったといえる。また、94年には、①在宅医療の推進、②入院時の療養の給付とあわせて受けていた食事療養についての改正等を内容とする、健康保険法等の改正が行われている。

[社会保障の見直しの「ありよう」の「ありよう」②]

所得保障についてみれば、85年の「国民年金法」の改正と、86年の「厚生年金保険法」、各種の共済組合法の改正によって導入された「基礎年金」の創設が重要である。①全国民共通の基礎的年金確立、②いわゆる専業主婦についての年金権確立、③一人一年金の確立、などをめざしたものであった。「関係のありよう」という枠組みで捉えるなら、[「分断・排除」から「連帯」]へということになるが、背景に年金の財政問題があった。94年には、①60歳以上65歳未満の者に支給する老齢年金の見直し、②在職老齢年金の改訂、③雇用保険法による給付との調整等、60歳代前半の老齢厚生年金の見直しを主なねらいとする「国民年金法等の一部を改正する法律」が成立した。

社会福祉関係については、81年、85年と「児童手当法」が改正された。同じく、85年には「児童扶養手当法」が改正された。これらは、児童などの属する世帯の経済状態と受給権とが関係する改正でもあった。これは、児童の養育についての「私的な責任」と「社会的な責任」の関係を左右するものである。90年には、①在宅保健福祉の増進、②都道府県・市町村による老人保健福祉計画の策定などを内容とする、「老人福祉法等社会福祉関係8法の改正」が行われた。老人保健福祉計画の策定に関しては、①それぞれの自治体に地域特性を踏まえた計画の策定能力があるか、②計画実施についての財源的裏打ちが課題となっている。

97年には、新しい法律として「介護保険法」（法123）が制定された。制度創設の背景にあったものは、①老人医療費増高の問題、②家族機能の変容などによる私的介護力の問題、③措置制度がもっていた問題等であるが、NPOの事業参入が可能になったことによって、社会保障における「社会的な責任」のありようが再び検討されることとなった。

具体的事例を［「ありよう」の「ありよう」］で位置づける

テーマの設定

　総論的な第1部を通じて、［「ありよう」の「ありよう」］で捉えた場合に見えてくる「社会保障法」がなんとなくわかってきただろうか。わかったような気になっていただいたとして、そのまとめとして、現代日本の「具体的事例」を［「ありよう」の「ありよう」］で捉える、というのがこの章を通じてのテーマとなる。

　具体的事例として取り上げたものは、マスコミなどで取り上げられることの多い事例である。事例に潜む［「ありよう」の「ありよう」］を捉えることを通じて、前もって「問題点」が設定されているきらいがあることの「問題点」について、もう一歩奥に入っていただくことがここでのテーマである。

　第5章にはもう一つの位置づけがある。それは、第2部以降の準備作業というものである。第2部以降では、もう少し深く、そして、縦横に論が展開されることになるので、［「ありよう」の「ありよう」で捉える］ための準備をしておこう。

この章でフォローすることの道筋
- I 「貧困」をめぐる「ありよう」の「ありよう」
- II 「高齢者の所得保障」の「ありよう」の「ありよう」
- III 「子ども」についての「ありよう」の「ありよう」
- IV ［「措置」から「契約」へ］という「ありよう」の「ありよう」
- V 社会保障の「費用」についての「ありよう」の「ありよう」

「貧困」をめぐる「ありよう」の「ありよう」

1.5.1

　幾つかの[「ありよう」の「ありよう」]という枠組みを設定して、[「貧困」という出来事]を捉えてみよう。

　まずは「責任のありようという枠組み」で捉えてみよう。「責任のありよう」で捉えるとしても、①「貧困」となったのはだれの「責任」かというレベルと、②[「貧困」という出来事]に対して誰の「責任」で対応すべきか、という二つレベルの捉え方をしなければならない。社会的な状況によって、両者の関係が密接に関わるものとして位置づけされる場合もあれば、切り離される場合もある。「責任のありようという軸」を設定して、左の極に「私的な責任」というものを設けて、右側に「社会的な責任」というものを設けてみれば、人々の考え方や実際の制度はその軸の上で揺らぐこととなる。

　次に「意思のありようという枠組み」で捉えてみよう。「意思のありよう」で捉える場合にも、①「貧困」となったのはだれの「意思」かというレベルと、②「貧困」に対して誰の「意思」で対応すべきか、という二つレベルの捉え方なければならない。これについても、社会的な状況によって、両者の関係が密接に関わるものとして位置づけされる場合もあれば、切り離される場合もある。「意思のありようという軸」を設定して、左の極に「任意」というものを設けて、右側に「強制」というものを設けてみれば、人々の考え方や実際の制度はその軸の上で揺らぐこととなる。極めて貧しい人が感染症にかかった場合に問題は顕在化することとなる。本人が「自分の責任ですから、社会的な費用を使って病院に入ることはしません」と意思表明したとしても、「お金のことは心配しないでいいので（＝社会的な費用で対応しますから）」ということで、「強制的」に入院させられることも生じる。

「高齢者の所得保障」の「ありよう」の「ありよう」

「高齢者の所得保障」については、①高齢者の所得保障についての「歴史的経緯」と議論、②高齢者の所得保障の「制度的現状」と議論、③国民年金制度をベースにした「国民皆年金」ということについて知っておけば理解はいっそう深まる。ところが、この本が「ありよう」という枠組みを設定していることから、ここでの説明は、それらのことを詳しく知らなくても、「そういうように捉えられるものなのか」となるものとしよう。

一口に高齢者と言っても、①働く場所があって勤労所得を手に入れている人、②高額な家賃収入がある人、③子どもから仕送りしてもらっている人など、いろいろな高齢者がいる。すべての高齢者が所得の保障を必要としているかといえば、そうとは限らない。いま述べたような高齢者に共通しているのは、それらの収入が「自助努力」や「私的な扶養」というようなものの結果であることである。その意味で、それらは、「社会的な責任」として位置付けされる公的年金とは異なる「責任」をベースとしている。そこで課題が出てくる。それは、「高齢者の所得保障」というものについて、基本的な考え方を「私的な責任」として位置づけするのか、「社会的な責任」とするのかということである。そして、両者の「責任」の関係についても、「高齢者の所得」についての「責任」の「ありよう」という意味で、具体的な制度化にあたってバリエーションがある。

「高齢になっても働く場所があって高額の所得を手に入れている人には、年金は支給しない」とするのか、あるいは、「高額の所得を手に入れている人にも、（負担の義務を果たしたので）年金を支給する」とするのか、という形で制度的対応は岐路に立たされることとなる。

「婚姻」についての「ありよう」の「ありよう」

　「婚姻」や「出産」は、個人の「自由意思にまかされること」とされる場合もあれば、「社会的に関与されること」とされる場合もある。「社会的に関与されること」とされると、「婚姻」や「出産」に関係して「社会的な費用」が支出されることも生じる。行政が「婚活」に費用（＝税金）を支出することに対して、皆さんはどのような意見を持っているであろうか。これは「少子化」への対応策とも関連している。

　戦時体制下の日本において、「婚姻」は「人口増殖」や「民族興隆」等との関係で「社会的に関与されること」として語られてきた。典型的なものは、「結婚観ノ舊體制ヲ是正シテ、是非新シイ結婚観ヲ樹立スル必要ガアルト思フノデアリマス、即チ結婚ハ決シテ個人ノ私事デハナイ、民族興隆ノ基礎デアル、兩親ヤ周圍ノ指導ノ下ニ、若キ二人ガ互ヒニ助ケ合ツテ堅實ナ家ヲ建設シ、サウシテ世界無比ノ團體ニ淵源スル立派ナ日本民族ノ血液ヲ永遠ニ生々發展セシムルト云フヤウナ使命ヲ感ジナガラ澤山ノ子供ヲ産ミ、丈夫ニ育テ、教育シテ、國家ノ御奉公ニ役立タシムルト云フ信念ヲ確立スル、サウ云フ氣風ヲ作ツテ行カナケレバ今日ノ大東亞戦争ノ後ニ来ルベキ大東亞ノ經營ニ當ツテノ日本民族ノ發展ト云フモノガアリ得ナイト思フ、随テ性慾ト云フヤウナモノヲ國家ニ捧ゲル、結婚ハ個人ノ私事デハナクシテ、國家興隆ノ基礎デアルト云フ結婚観ヲ確立致シマシテ、性生活ノ厳正化ヲ強調スル所ノ社會環境ヲ速カニ確立スルコトガ必要デアル」（羽田委員）（第79回帝國議會　衆議院　國民體力法中改正法律案他四件委員會議録（速記）第3回・昭和17年1月27日・25ページ）というようなものである。[「結婚」や「子どもを産むこと」は個人の自由意思にまかされるものではない] ということが強調されたこともあったのである。現代日本ではどうだろうか。

［「措置」から「契約」へ］という「ありよう」の「ありよう」

　馴染みのない言葉であるかもしれないが、［「措置」から「契約」へ］を取り上げてみよう。しかも、ソレを［「ありよう」の「ありよう」］を手掛かりとして位置付けてみよう。［「措置」から「契約」へ］とは、介護保険制度が創設される際に盛んに使用された表現で、それまでの「措置方式」から「契約方式」に転換することを表現したものである。幾つかの説明方法が可能であるが、ここでは［「意思」のありよう］を切り口に説明してみよう。

　前提的なこととして意識されたのは、要介護状態にある高齢者であってもその人が24時間、365日「要介護状態にある高齢者」として生活しているのではない、ということである。状態にもよるだろうが、契約を結んでモノを買ったり、選挙に行ったり、……ということで、「市民として」生活をしているし、「消費者として」生活している人も多い。とりわけ、高齢者が増えてくると、そのような人々は増加する。そのようなことから、介護に関するサービスなども、多くの商品と同じように選択して購入するものの一部として位置づけしたわけである。これによって、行政が一方的に決めて実施するという方式を変容することが可能になると考えたわけである。もちろん、反対論も多かった。反対論を押し切るように事が進んだ背景には、①民営化の流れ、②介護が家族に任されているということの限界、③介護分野での雇用の創出への期待、④NPO等への期待、⑤社会的入院と表現される状態の解消、等があった。ここで忘れてならないのは、高齢者を（自由な）契約の主体と位置づけたことである。

　このようなことを「ありよう」の「ありよう」を手掛かりとして位置づけするなら、「意思」のありようという点で［「強制」から「任意」へ］という変容が見られる、ということになる。

1・5・Ⅴ 社会保障の「費用」についての「ありよう」の「ありよう」

　社会保障の給付のためには財源が必要である。現代日本の制度でいうなら、医療保険と年金（保険）は社会保険方式をとっている（と説明されている）。ただ、国民健康保険については、国民健康保険料であっても国民健康保険税であってもよいとされている。さらに、実際の制度を見れば、医療保険にしても、年金（保険）にしても、必要とされる財源には多くの税が入り込んできている。生活保護については税が財源となっている。ところで、これらの費用は「負担した人自身の必要性」に対応することを念頭に置いたものであろうか。じつは、そうではなくて、「必要性の発生する人」を念頭に置いたものなのである。ここで問われているものは、[「分断・排除」と「連帯」]という「関係のありよう」である。

　このことを[「ありよう」の「ありよう」]で位置づけするなら以下のようになる。「関係性のありよう」を使ってみよう（もちろん「責任のありよう」でも位置付けは可能である）。「負担することの意味」を「負担した人自身の必要性」に対応することを念頭に置いて表現しようとすれば、負担した人の中では完結するものの、他方で、個々人は分断され、さらに、「負担できた人」と「負担できなかった人」は分断されることになる。結果的に、生じることは「連帯」ではなく「分断」や「排除」ということになる。それに対して、「負担することの意味」を、「必要性の発生する人」に対応することを念頭に置いて表現しようとすれば、それは「負担する人」と「必要性のある人」を「連帯」させることとなる。すなわち、負担するという「社会的義務」を果たすことによって、「（自分を含む）必要性のある人」との「連帯」が形成されることになるのである。

位置付けて捉えるための補足テーマ——練習

［社会保険制度］と「損害賠償」との関係を構成している［「ありよう」の「ありよう」］

　健康保険法の 57 条 1 項は「保険者は、給付事由が第三者の行為によって生じた場合において、保険給付を行ったときは、その給付の価額……の限度において、保険給付を受ける権利を有する者……が第三者に対して有する損害賠償の請求権を取得する」としており、さらに 2 項で「前項の場合において、保険給付を受ける権利を有する者が第三者から同一の事由について損害賠償を受けたときは、保険者は、その価額の限度において、保険給付を行う責めを免れる」としている。

　ここに見ることができるのは、「病気」や「けが」という状態が発生した場合に、誰がどのように対応すべきかという、「責任」についての「社会保険制度」と「市民法的な制度」との関係である。同様のことは、「病気」や「けが」という状態を自らが招いた場合にも見られる。健康保険法の 116 条は「被保険者又は被保険者であった者が、自己の故意の犯罪行為により、又は故意に給付事由を生じさせたときは、当該給付事由に係る保険給付は、行わない」としており、117 条は「被保険者が闘争、泥酔又は著しい不行跡によって給付事由を生じさせたときは、当該給付事由に係る保険給付は、その全部又は一部を行わないことができる」としている。これらは、①「病気」や「けが」という状態が発生した事実と、②そのことに対応すべきはだれか＝「責任」＝とを切り分けている一例である。「責任」という軸を設けて、左の極に「自己責任」や「加害者責任」を設定し、右の極に「社会的な責任」を設定すれば、「病気」や「けが」という状態が発生したとしても、事情によって、それらの「病気」や「けが」は、右や左に揺れることとなる。

[「社会保険制度」の「被保険者の地位」] にみられる「ありよう」の「ありよう」

　国民健康保険法は、その5条で「市町村又は特別区（以下単に「市町村」という。）の区域内に住所を有する者は、当該市町村が行う国民健康保険の被保険者とする」として、6条に定める適用除外とならなければ、「強制的に被保険者となること」を定めている。また、健康保険法は、その3条4項で「……適用事業所に使用されなくなったため、又は第1項ただし書に該当するに至ったため被保険者……の資格を喪失した者であって、喪失の日の前日まで継続して2月以上被保険者……であったもののうち、保険者に申し出て、継続して当該保険者の被保険者となった者」を「任意継続被保険者」としており、「任意に被保険者となる道」を残している。これらを「意思」という枠組みで表現すれば以下のようになる。すなわち、①まず「意思」という軸を設けて、②左の極に「自由」や「任意」を設定し、右の極に「強制」を設定すれば、③「被保険者の地位」は右や左に揺れているということとなる、という具合である。

　同様のことは、年金（保険）の制度で見ることができる。例えば、つい最近削除されるまでの国民年金法の10条は「被保険者でなかつた者が第一号被保険者となった場合又は第2号被保険者若しくは第3号被保険者が第1号被保険者となった場合において、その者の次に掲げる期間を合算した期間が25年に満たないときは、その者は、第7条第1項の規定にかかわらず、いつでも、厚生労働大臣の承認を受けて、被保険者の資格を喪失することができる」（任意脱退）としていたし、「第1号被保険者……は、厚生労働大臣に申し出て、……前条第3項に定める額の保険料のほか、四百円の保険料を納付する者となることができる」（87条の2）としている。これらは、原則としての「強制性」について、例外的に「任意性」を残している事例である。

第 2 部

[「分断・排除」と「連帯」]
――「関係のありよう」という枠組みで捉える――

第2部の全体像

「社会保険料」や「税」の負担とは、どのような意味を持っているものなのであろうか。年金（保険）でいえば、「自分が受給するため」に「ある期間保険料を納める」と位置づけされるかもしれない。ところが、医療保険についていうと、医療保険の制度は「ある期間保険料を納めたので受給できる」という構成をとっていない。ここにあるのは「連帯」という関係である。しかし、歴史的に見れば、年金（保険）や医療保険の創設時に、なぜ一部の人々だけが制度の対象者として選別されたのか？ということになる。ここにあった「関係のありよう」は、「分断・排除」というものでもあったことになる。

（図）　「関係のありよう」の軸

次に、「児童手当」を例にとってみよう。これについては、①「子ども」を「私的扶養という関係」の中に押しとどめるか、あるいは、②「社会連帯的な関係」の中に位置づけするのかによって、制度的な意味での結論は異なることとなる。実際の制度を見るなら、「子ども」の属する「世帯の所得次第」で手当を支給することになっており、「分断・排除」という方法を選択している。

[「分断・排除」と「連帯」]という枠組みで[「住所」や「国籍」]を捉えることも、「社会保障法」についての位置付けを豊富にする。例えば、「貧困という状態」に対して、地方自治体が費用を負担するとしても、それはどの自治体であろうか、という問いかけがそれにあたる。

「貧困という状態にある人の住んでいる自治体」と答えるかもしれないが、ホームレスは？外国人の旅行者は？ということが待ち受けている。実際の社会保障が「社会保険制度」を中軸に展開していることから、「負担をする人」と「受給をする人」ということについて、「関係のありよう」で捉えるも忘れてはならない。制度の具体化にあたっては、「必要とされる費用を負担する人」と「給付を必要とする人」との関係を、「負担したから受給できる」という具合に構成することも可能である。この場合、制度内での「属人的なつながり」は強化されるものの、制度を構成する個々人は分断されることになる。また、「負担可能な人が負担」し、「必要な人が受給」するという具合にすることも可能である。この場合、「社会連帯」の基盤は形成されるが、実際に「負担している人」と「受給している人」の間の「分断・排除」が生じることもある。

　[「分断・排除」と「連帯」]という枠組みで捉えることによって、「社会保障の法現象」がどのような「関係のありよう」のものなのかの位置付けが可能となる。

第2部の具体的な構成

第1章　[「分断・排除」と「連帯」]という枠組みの設定と「社会保障法」

第2章　[「分断・排除」と「連帯」]という枠組みで[医療の保障]を捉える

第3章　[「分断・排除」と「連帯」]という枠組みで[所得の保障]を捉える

第4章　[「分断・排除」と「連帯」]という枠組みで[介護の保障]を捉える

第5章　[「分断・排除」と「連帯」]という枠組みで[最低生活の保障]を捉える

[「分断・排除」と「連帯」］という枠組みの設定と「社会保障法」

テーマの設定

　社会保険の「受給権」については、二通りの説明が可能である。一つは「保険料を負担した」から「受給できる」という説明であり、もう一つは「必要性がある」から「受給できる」という説明である。前者は、「負担したことの結果」として「受給権」を位置付けるものである。属人的には「負担」と「受給」は接合されるが、「負担したか、否か」が「受給できるか、否か」の結論を左右することになるので、制度の全体構造で見れば、人々の関係には「分断・排除」が生じる。それに対して、後者は、「負担できる人」と「必要性のある人」とを、システムとして統合する「社会連帯的なありよう」を形成することになる。しかし、Aさんの［「受給することの必要性」とAさんの「負担の能力」］は、属人的には切断されることになる。

　［「分断・排除」と「連帯」］という枠組みは、社会保障法がどのような「関係のありよう」で成り立っているものなのか促えるためにとても重要な枠組みである。

この章でフォローすることの道筋

Ⅰ　［「分断・排除」と「連帯」］という枠組みの設定
Ⅱ　「必要性のあること」を巡る［「分断・排除」と「連帯」］
　　——関係のありよう
Ⅲ　「給付」を巡る［「分断・排除」と「連帯」］——関係のありよう
Ⅳ　「負担」を巡る［「分断・排除」と「連帯」］——関係のありよう
Ⅴ　［「負担」と「給付」］の関係を巡る［「分断・排除」と「連帯」］
　　——関係のありよう

[「分断・排除」と「連帯」] という枠組みの設定

　社会保障の「給付」を受けたり「負担」をすることは、社会が描く「人と人との関係」次第で、異なる「意義づけ」をなされる。

　このような根本的なことに挑もうとするなら、何らかの「枠組み」を設定することが求められることになる。そして、その「枠組み」にはある能力が備わっていなければならない。その能力とは、類似した「関係のありよう」に見えながらも、「近代市民社会における関係のありようを規律しているもの」とは異なるモノを選りわける能力である。結論的に言えば、その「枠組み」とは、①「近代市民法」との関係において、②「近代市民法」の対極にある「法」に内包されている「関係のありよう」を示してくれる枠組み＝ [「分断・排除」と「連帯」] という枠組み＝ということになる。

　社会保険を利用して、少し具体的に作業を継続してみよう。日本の社会保障の制度は社会保険制度を軸にしており、これが話をややこしくしている。そして、そのややこしさを解明してくれるものが、[「分断・排除」と「連帯」] という枠組み＝ということになる。具体的には、[保険料等を「負担」したこと]と[受給すること]との関係を位置づけすることを可能とするモノが、「関係のありよう」という「枠組み」ということになる。個々人の「受給権」を個々人の負担したことと接合するなら、負担したからもらえる／負担していないのでもらえないというように、人々は分断され、お互いに排除することになる。負担できない人の「受給権」を安定させようとするなら、「社会連帯的なありよう」は強調されるが、「負担していないのにもらっている」という感情を生み出すこととなる。このように [「分断・排除」と「連帯」] という枠組みを設定することで、実際の制度がどのようなものであるかを位置づけすることが可能となる。

「必要性のあること」を巡る［「分断・排除」と「連帯」］——関係のありよう

　「必要性のあること」が、社会によってどのようなものとして位置づけされるのかによって、社会保障の「給付」の位置付けは異なるものとなる。もう少し具体的に述べれば、「必要性のあること」を「分断・排除」された個々人の私的な出来事とするのか？あるいは、社会的な出来事とするのか？によって、具体的制度の「ありよう」は「近代市民法」的な性格を持ったモノとなったり、それとは異なる性格を持ったモノとなったりする。それにとどまらず、［「必要性のあること」を、分断された個々人のこと］とする場合には、そのこととの関係で、［「負担すること」も、分断された個々人のこと］とされることになる。そして、［「必要性のあること」を社会的なこと］とする場合には、そのこととの関係で、［「負担すること」も社会的なこと］として指向されることになる。すなわち、「社会連帯」的という関係の「ありよう」は、［「必要性のあること」と「負担したこと」］を、属人的に結び付けることはないが、［「必要性のあること」と「負担すること」］を、共に総体としての社会的なこととして制度の中でパッケージ化するという「関係のありよう」を生み出すこととなる。このような制度の基盤をなしているものが、例えば、「生・老・病・死」という出来事は、多くの人々にとって避けられない（＝誰にでも生じる）こととする考え方である。

　歴史的に見れば、このような「必要性のあること」の起源は、例えば、［流行病に罹患したこと］に見ることができる。［流行病に罹患したこと］は、罹患した個々人の［「分断・排除」］された状態にとどまりえず、社会を構成するみんなの共有された心配事として位置づけされることにより、税金などで対応されるに至ったのである。

「給付」を巡る [「分断・排除」と「連帯」]
——関係のありよう

　社会保障の「給付」は、具体的なあり方次第で「分断・排除」の機能や役割を果たすこともあるし、また、「連帯」の機能や役割を果たすこともある。その意味では、具体的な制度や議論を見れば、制度がどちらの方向性を指向しているのかが分かることになる。

　まずは日本の社会保障の「生活保護の給付」を取り上げてみよう。「税金で生活している」だとか、「年金よりたくさんもらっている」というような、保護を受けている人に対しての発言は、一面的な批判であると同時に、人々を「分断・排除」するものと位置づけされる。一面的な批判であると述べたのは、批判をするにあたっての前提的な制度理解ができていないからである。そして、人々を「分断・排除」するものと位置づけされるとしたのは、批判をする側の人々が「自分たちは（永遠に）あちらの人ではない」と考えているからである。もし、「（自分を含めて）人は誰でも、極めて貧しい状態になる」と考えていれば、負担できる人が負担した「税」を財源とする「保護」について、「極めて貧しい状態にある人」が受給していたとしても、「連帯」した意識のもとでの発言となるであろう。

　「給付」を巡る [「分断・排除」と「連帯」] は、「給付」を受けている人々と「給付」を受けていない人々とが、互いに、その自らの立場が、①固定的なものであると考えるか、②いつでも立場が入れ替わるものだと考えるか、によって生じることとなる。固定的なものであると考える場合には、「給付」を巡って、「受給している人々」と「税や保険料を負担している人々」との間で「分断・排除」が生じるし、いつでも立場が入れ替わるものだと考える場合には、「給付」を巡る「連帯」が生まれることとなる。

「負担」を巡る[「分断・排除」と「連帯」]
——関係のありよう

　社会保障についての「負担」は、具体的なあり方次第で「分断・排除」の機能や役割を果たすこともあるし、また、「連帯」の機能や役割を果たすこともある。

　日本の社会保障の中軸は社会保険制度である。そのことが、実際の場面では、「負担」を巡る[「分断・排除」と「連帯」]を生じさせることとなる。例えば、「団塊の世代はもらえるが、自分たちは負担するだけで貰えるかどうかわからない」という具合に、「負担」を巡って[「分断・排除」が生じることもある。ただし、事柄はそう単純ではない。なぜなら、もし、自分が「負担」したことが、自分の「受給」と結び付くようなことが確保されれば、「負担」を巡っての「分断・排除」は表面化しにくいからである。その意味では、「医療保険」における「負担」は、「誰でも、病気やケガはするものだ」ということから、「負担」を巡っては「分断・排除」は表面化しにくいが、「連帯」が形成されるかといえばそうでもない。「高齢者が医療費を使っている」と表現されてしまうと、世代間での「分断・排除」が表面化する。

　「税」の「負担」については、これがさらに鮮明になる。例えば、「自分たちが負担した税で、あの人たちは生活している」という具合にである。要するに、「自分たちは負担する人」で、「あの人たちは受給する人」という具合に、(意識の中でさえ)立場を固定的なものとして位置づけすることが、「負担」を巡る「分断・排除」を生み出すこととなるのである。「負担している人」が同時に「受給」することになり、「受給している人」が同時に「負担」することによって、「負担」を巡る「連帯」が醸成される基礎が出来上がることになる。ただし、政策化においては、ダブルスタンダードによって、いいようにごまかされることもありうる。

[「負担」と「給付」] の関係を巡る [「分断・排除」と「連帯」] ――関係のありよう

　Aさんは独居の高齢者で老齢年金を受給していた。そのAさんが死亡した。この場合、老齢年金を必要としていたAさんが死亡したことによって、長い期間「負担」し続けていたにもかかわらず、「Aさんの必要とする状態」が存在しなくなったわけであるから、（まだ受給していない）将来の年金を受ける年金の受給権がなくなる＝「失権」ということが生じる。

　Bさんの両親が病気で「死亡」した。残された中学生の（死亡した方に扶養されていた）Bさんは、被保険者として「負担」したことはないが、所得保障の必要性が生じたということから、「遺族年金」を受給し始めた。

　AさんのようなことやBさんのようなことが生じるのは、年金（保険）制度というものが、[「負担」と「受給」] の関係をどのようなものとして位置づけしているかによる。生前のAさんがなした「負担」は、自らの「受給」のためではなく、Aさんを含んだ「所得の保障を必要としている人」のためになされたものであると位置づけされれば、Aさんは死亡したことによって「失権」することとなる。社会保障の権利を、私有財産を巡るもののように位置付けしてしまうと、Aさんが死亡したとしても「失権」ということではなく、私有財産の相続のような関係で処理されることも起こりうる。

　要するに、実際の制度が、①Aさんが「負担」したことと、Aさんの「受給」との関係をどのように位置づけしているか、そして、②Aさんが「負担」したことと、Aさん以外の人々の「受給」との関係をどのように位置づけしているかによって、社会保障を巡っての [「分断・排除」と「連帯」] のありようを見ることができる。

[「分断・排除」と「連帯」] という枠組みで [医療の保障] を捉える

テーマの設定

　Aさんが猛烈な感染症に罹患した。そのAさん＝「個人」＝の状態は、それまでの「私的扶養の関係」（家で家族に看病してもらう）で対応されることにとどまりえなくなり、「社会的給付」の「対象」として顕在化することになる。

　社会保障の歴史は、「ある出来事」をめぐっての [「分断・排除」と「連帯」のありよう] の変容でもある。その「関係のありよう」は、例えば、「私宅監置」か「強制入院」か、という具合に、①「私的（扶養）」という「関係のありよう」を指向する制度化と、②「社会的（扶養）」という「関係のありよう」を指向する制度化との間で揺れ動くことになる。歴史的に見れば、「出来事」＝「例えば、風邪引きや猛烈な感染症」＝を巡る関係は、「分断された個々人の患者」と「連帯意識に支えられた公共空間」という形で顕在化し、その相互関係のありようが制度として具体化することになる。

この章でフォローすることの道筋
　Ｉ　目　的
　ＩＩ　「医療の保障」の「必要性の発生」について [「分断・排除」と「連帯」] という枠組みで捉える
　ＩＩＩ　「医療の保障」の「負担」について [「分断・排除」と「連帯」] という枠組みで捉える
　ＩＶ　「医療の保障」の「給付」について [「分断・排除」と「連帯」] という枠組みで捉える
　Ｖ　「医療の保障」の [「負担」と「給付」] の関係を「関係のありよう」で捉える（まとめ）

目的──[「分断・排除」と「連帯」]という枠組みで[医療の保障]を捉えること

　[医療の保障]を[「分断・排除」と「連帯」]という枠組みで捉えるということについて少し述べておこう。

　[医療の保障]がなされる発端となるのは「傷病」という出来事の発生である。その「傷病」について、患者や患者家族が私的に対応すべきか、あるいは、社会で対応すべきかについては、答えは固定的でない。歴史的に見れば、①「傷病」が生じた原因、②「傷病」となった人、③「傷病」の内容、等によって、その対応のありようは変容してきた。

　対応のありようについては、様々な角度からの説明が可能である。ここでは、[「分断・排除」と「連帯」]=「関係のありよう」によって捉えることとなるが、具体的には、その「関係のありよう」を、①「必要性の発生」、②「負担」、③「給付」、④[「負担」と「給付」]の関係、によって捉えることとなる。これらによって捉えることによって、「傷病」に対応する[医療の保障]というものが、制度的な意味において、人々をどのような関係に置いているかが分かることとなる。そして、その先に、現代日本の「姿」や方向性が見えてくることとなる。

　ここでの手法は、現代日本の[医療の保障]の実際を、「分断・排除」（左の極）と「連帯」（右の極）という、両極を持った「軸」=「関係のありようという軸」の上に置くことによって、現代日本の[医療の保障]の実際がどのようなものかを位置付けしようというものである。いわば、実際の法現象が、「近代市民法」的なものから、「社会保障法」的なものまで、幅のある「軸」の上で性格付けされることになる。さらには、この作業によって、過去の現象や将来の現象についても位置付けが可能となる。

「医療の保障」の「必要性の発生」について [「分断・排除」と「連帯」] という枠組みで捉える

「医療の保障」の「必要性の発生」ということはどのような「関係のありよう」として捉えられるのであろうか。

妙な問いかけで申し訳ないが、[お金持ちの家の「子供」の「病気」]を想定してみよう。この事実を、①[お金持ちの家の「子供」なのであるから、私的扶養として対応すればよく、社会的対応は不要である]という風に位置づけすることも可能であるし、②[お金持ちの家の「子供」であっても、「病気」であるから、（私的な扶養ではなく）社会的に対応されるべきである]という位置付けも可能である。

今述べたことを、[「必要性がある」ということはどのような「関係のありよう」で生じると考えられているのか]ということとの関係でいえば、前者は [[「必要性の発生」が実際に生活をしている経済的単位（空間）で生じている] と捉えていることになるし、後者は、実際にどのような単位（空間）で生活をしているかを問わずに、社会における「病人」というものに光を当てて捉えることになる。後者の場合、「子供」同士での「分断・排除」は生じないこととなる。実際の制度をみるなら、どちらの位置付けも内包している。であるからこそ、制度が「法的な明確性」を持たずに、あやふやなものとして存在し、政治的な駆け引きとして使われ、結果として、「分断・排除」と「連帯」の軸の上でふらつきを見せることとなる。重要なことは、「個人」の「傷病」のように見えても、それが、「個人」の手を離れて、「家族」、「地域」、「国」における「必要性の発生」のように広がりを持つことに気づくことである。「軍人の傷病」、「大黒柱の傷病」、「感染症の発生」等を念頭に置けば、このことは理解できるであろう。「高齢者の傷病」は「軸」の上で常に左右に揺らいでいる。

「医療の保障」の「負担」について [「分断・排除」と「連帯」] という枠組みで捉える

　「医療の保障」の費用の「負担」の意味は何であろうか。[「分断・排除」と「連帯」] という枠組みで捉えてみよう。捉えるにあたって、まずは、一般論的な意味で捉えることを試みて、次に、具体的な制度を念頭に置いて捉えることとしよう。

　一般論的な意味で「医療の保障」の費用の「負担」を位置付けしようとするなら、それは、「医療」に要する費用を負担するのは（私的扶養を含む）「個々の病人」か、（患者を含む）「社会」か、という形で振り分けされることとなる。前者は、「病人」を「病人でない人」から切り離す＝「分断・排除」する＝ことになるものであり、後者は、「病人」を「病人でない人」と結び付ける＝「連帯」させる＝ことになるものである。実際の制度はこれら両者の意味の組み合わせとなっているが、常に、どちらかへ向かって揺らいでいる。

　具体的な制度に則して何点か取り上げてみよう。まず、被保険者にとっての「保険料の負担」は、「負担するばかりで病気になっていない」という具合になると「分断・排除」する機能を果たすことになるが、しかし、「保険があったので助かった」という具合に「連帯」させる機能も持っている。制度的には、どちらかと言えば、「連帯」させる機能が強いものといえる。ただし、患者の一部負担金は、「医療にかかった人」（と家族）のみが負担することから、「分断・排除」する機能が強いものとして位置づけされる。生活保護の医療＝医療扶助＝の財源としての「税」は、「連帯」させる機能が強いものであるが、①「税によって給付される人々」と、②「税を負担している人々」とが、「分断・排除」される関係も生み出す。そして、社会保険における事業主の「保険料の負担」は、「連帯」させる機能が強いものといえる。

「医療の保障」の「給付」について[「分断・排除」と「連帯」]という枠組みで捉える

　簡単な「例」を手掛かりに、「医療の保障」の「給付」について、「関係のありよう」で捉えてみよう。

　「例」は、お隣同士である「子どもが5人いるAさんのご家庭」と「子どもがいないBさんのご家庭」についてである。ちょっとかわいそうな話で申し訳ないが、Aさんの家の子供が次から次へと病気にかかった。Aさんは「医療費がかさむが、社会保険があったので助かった」と感じた。そのことをBさんが「自分たちは医療の保障を受けていないのに、あそこの子どもたちは社会保険のお世話になっている」という枠組みで捉えるか、「私たちも、いつ社会保険のお世話になるかわからない」という枠組みで捉えるかは、Bさんの捉え方次第であるが、「自分たちは医療の保障を受けていないのに、あそこの子どもたちは社会保険のお世話になっている」と捉えた場合は、「医療の保障」の「給付」を巡って「分断・排除」が生じたことになる。また、「私たちも、いつ社会保険のお世話になるかわからない」と捉えた場合は、「連帯」が生じたこととなる。

　さて、15年後、その「Aさんの家庭」と「Bさんの家庭」との関係のありようは微妙に変化してきた。どういうことかといえば、散々社会保険のお世話になった「Aさんの家庭」で、夕食時に、「将来、うちの子供たちがBさん夫婦の老人医療の費用を負担するんだよ」なんて会話が交わされていたとしたら、これは、もう、「医療の保障」の「給付」を巡っての「分断・排除」以外の何物でもない状態である。「所得の保障」とちがって、「医療の保障」については、世代間の「分断」は余り生じないが、しかし、今後、高齢者医療については、生じる可能性は高い。

「医療の保障」の[「負担」と「給付」]の関係を「関係のありよう」で捉える(まとめ)

　「医療の保障」を巡る[「負担」と「給付」]の関係を「関係のありよう」という枠組みで捉えることによって、「医療の保障」についての法的位置づけがある程度可能となる。

　作業手順は以下のようなものである。すなわち、①横軸を設置して、②「関係のありよう」という意味で「近代市民法」的な性格を有する「極」を軸の左側に設定して、③軸の右側に「社会保障法」的な性格を有する「極」を設定する。④捉える対象物としての「医療の保障」における[「負担」と「給付」]の関係のありようというものを、その軸の上に置くというものである。

　属人的な意味で、[「負担」と「給付」]を結び付けるような形での「医療の保障」が具体化されれば、それは軸の左側に位置付けされることとなる。[「負担」と「給付」]を切断させるようなものとして具体化すれば、それは軸の右側に位置付けされることとなる。

　具体的な制度を見てみよう。日本の社会保障の中軸をなしているのは社会保険制度である。実際の制度を見るなら、「多く負担したから、たくさん病気にかかる」、「多く負担したから、濃厚な治療を受けられる」という関係は成り立っていない。生活保護の医療＝医療扶助については、属人的な意味での[「負担」と「給付」]との関係は切断されている。

　すなわち、「医療の保障」の[「負担」と「給付」]の関係は、[[「分断・排除」と「連帯」]]という枠組み＝「関係のありよう」＝で捉えるなら、「連帯」という性格が濃いものとして位置づけされることとなる。ただし、実際の制度において、患者の「一部負担金」の割合が高くなってくると、「医療の保障」は「分断・排除」という性格が濃いものとなってくる。

[「分断・排除」と「連帯」] という枠組みで [所得の保障] を捉える

テーマの設定

　Aさんが「極貧」な状態となった。そのAさん＝「個人」＝の状態は、まずは、「私的扶養の関係」に頼るべき事柄として位置づけされるが、私的扶養も期待できない場合には、そのAさんの状態は「社会的対応」の必要な「状態」として顕在化することになる。

　社会保障の歴史は、「ある出来事」をめぐっての[「分断・排除」と「連帯」のありよう]の変容でもある。その「関係のありよう」は、「私的扶養」か「生活保護」か、という具合に、①「私的扶養」という「関係のありよう」を指向する制度化と、②「社会的扶養」という「関係のありよう」を指向する制度化との間で揺れ動くことになる。「貧困という出来事」を巡って存在していた関係のありようは、①「分断された個々の人」と、②「連帯意識に支えられた公共空間」であり、両者の相互関係のありようが制度として具体化する。

この章でフォローすることの道筋
Ⅰ　目　的
Ⅱ　「所得の保障」の「必要性の発生」について[「分断・排除」と「連帯」]という枠組みで捉える
Ⅲ　「所得の保障」の「負担」について[「分断・排除」と「連帯」]という枠組みで捉える
Ⅳ　「所得の保障」の「給付」について[「分断・排除」と「連帯」]という枠組みで捉える
Ⅴ　「所得の保障」の[「負担」と「給付」]の関係を「関係のありよう」で捉える（まとめ）

目的──[「分断・排除」と「連帯」]という枠組みで[所得の保障]を捉えること

　[所得の保障]を[「分断・排除」と「連帯」]という枠組みで捉えるということについて少し述べておこう。

　[所得の保障]がなされる発端となるのは「所得の途絶」や「貧困という状態」である。その「所得の途絶」や「貧困という状態」について、私的に対応すべきか、あるいは、社会で対応すべきかについては、答えは固定的でない。歴史的に見れば、①「所得の途絶」や「貧困という状態」が生じた原因、②「所得の途絶」や「貧困という状態」となった人がだれであるのか、③「所得の途絶」や「貧困という状態」の程度、等によって、その対応のありようは変容してきた。

　ここでは、「所得の途絶」や「貧困という状態」についての、①「必要性の発生」、②「負担」、③「給付」、④[「負担」と「給付」]の関係を、「関係のありよう」によって捉えることとなる。これらによって捉えることによって、「所得の途絶」や「貧困という状態」に対応する[所得の保障]というものが、制度的な意味において、人々をどのような関係に置いているかが分かることとなる。そして、その先に、現代日本の「姿」や方向性が見えてくることとなる。

　ここでの手法は、「分断・排除」(左の極)と「連帯」(右の極)という、両極を持った「軸」=「関係のありようという軸」の上に、現代日本の[所得の保障]の実際を置くことによって、現代日本の[所得の保障]の実際がどのようなものかを位置付けしようというものである。いわば、実際の法現象が、「近代市民法」的なものから、「社会保障法」的なものまで、幅のある「軸」の上で性格付けされることになる。さらには、この作業によって、過去の現象や将来の現象についても位置付けできるこことなる。

「所得の保障」の「必要性の発生」について ［「分断・排除」と「連帯」］という枠組みで捉える

　「所得の保障」の「必要性の発生」ということは、どのような「関係のありよう」として捉えられるのであろうか。

　妙な問いかけであるが、［お金持ちの家の「大学生」の貧困］を想定してみよう。一つの位置付けとして、［お金持ちの家の「大学生」なのであるから、仕送りをしてもらって対応すればよく、社会的対応は不要である］＝「貧困なら大学に行かなくてよい」というものがあり、もう一つの位置付けとして、［お金持ちの家の「大学生」であっても、その個人は「貧困」であるから、（私的な扶養ではなく）社会的に対応されるべきである］というものがありうる。

　歴史的に見れば、「所得の保障という必要性の発生」＝「貧困という状態」＝についての位置付けは、「チャンスを生かせなかった個々人の問題」＝「分断・排除」という位置付けから、「社会の構造との関係で生じた問題」＝「連帯」へと移行してきている。とはいっても、そのような移行の方向性は、逆の方向を指向することも生じる。逆の方向を指向する場合には、「貧困という状態」は、「分断」された個々人に生じたこととして位置づけされ、「（その時点で）貧困という状態でない人々」には生じていない事柄として「分断」され、「排除」を生み出すこととなる。結果として、「貧困という状態」は固定化される傾向を持ち再生産されることとなる。

　社会保険による「貧困という状態」の位置付けは、「失業」や「高齢」というように、「要所得の状態」が制度によって類型化されていることから、制度自体は「必要性の発生」についての「連帯」という位置付けをなしているといえよう。しかし、制度の内容を具体的に見れば、「必要性の発生」についての「分断・排除」も見られる。

「所得の保障」の「負担」について［「分断・排除」と「連帯」］という枠組みで捉える

　「所得の保障」を巡る費用の「負担」の意味を［「分断・排除」と「連帯」］という枠組みで捉えてみよう。捉えるにあたって、まずは、一般論的な意味で捉えることを試みて、次に、具体的な制度を念頭に置いて捉えることとしよう。

　「所得の保障」を巡る費用の「負担」を、一般論的な意味で位置付けするなら、それは、①「貧困という状態」に対応する費用を負担するのは（私的扶養を含む）「貧困という状態にある個々の人」か、②（貧困という状態にある人を含む）「社会」か、という形で振り分けされることとなる。前者は、「貧困という状態にある人」を「そうではない人」から切り離す＝「分断・排除」する＝ことになるものであり、後者は、「貧困という状態にある人」を「そうではない人」と結び付ける＝「連帯」させる＝ことになるものである。実際の制度はこれら両者を組み合わせることとなっているが、常にどちらかへ向かって揺らいでいる。

　具体的な制度に則して何点か取り上げてみよう。「負担していても年金はもらえない」という意識が強くなると、被保険者の「保険料の負担」は、人々を「分断・排除」する機能を果たすことになる。しかし、「年金が給付があるので助かった」という具合に、「保険料の負担」が「連帯」させる機能を持つこともある。制度自体は「連帯」させる機能を「負担」に期待しているものの、「被保険者の年齢」に上限が設定されていることからわかるように、具体的な内容で見ると「負担」には「分断・排除」の機能もある。財源として「税」が投入されていることは、「負担」に「連帯」的機能を発揮させようとするものではあるが、「生活保護を受けている人々は税金で生活をしている」などの発言があることをみれば、「税」によって実態としての「連帯」が生まれているかは疑問である。

「所得の保障」の「給付」について [「分断・排除」と「連帯」] という枠組みで捉える

　簡単な「例」を手掛かりに、「所得の保障」の「給付」について、[「分断・排除」と「連帯」] という「関係のありよう」で捉えてみよう。

　「例」は、お隣同士である「高齢のAさんご夫婦」と「若い共働きのBさんご夫婦」についてである。6月15日に「Aさんご夫婦」は年金支給日ということで出かけようとしていた。「Bさんご夫婦」と出会ったので「ちょっと銀行まで」とあいさつを交わした。部屋に戻った「Bさんご夫婦」はTVで「年金が危ない」という番組を見た。Bさんが、このTVを「自分たちは年金をもらえないかもしれないのに、Aさんご夫婦は年金で生活している」という具合に見るか、「年金は所得の保障が必要な人が貰うもの」という具合に見るかは、「所得の保障」の「給付」について、Bさんがどのような「関係のありよう」を設定しているかによる。「自分たちは年金をもらえないかもしれないのに、Aさんご夫婦は年金で生活している」と思った場合は「所得の保障」の「給付」について「分断・排除」が生じたこととなる。また、「年金は所得の保障が必要な人が貰うもの」と思った場合は、「連帯」の意識が生じたこととなる。

　実際の制度を見ると、年金には「老齢」に関するものばかりでなく、「障害」に関するものや「死亡」に関するもの（遺族年金）がある。それらは、保険料を長期間負担（納付）したということを求めるのではなく、「所得の保障が必要な状態が発生したこと」に対して給付されることとなっている。このことを考えると、年金の「給付」を「関係のありよう」という枠組みで捉えれば、とりわけ、「障害」や「死亡」に関する「給付」については「連帯」というものによって成り立っていることが分かる。

「所得の保障」の[「負担」と「給付」]の関係を「関係のありよう」で捉える(まとめ)

　「所得の保障」の[「負担」と「給付」]の関係を「関係のありよう」という枠組みで捉えることによって、「所得の保障」について、法的に位置づけすることがある程度可能となる。

　作業手順は以下のようなものである。すなわち、①横軸を設置する。②「関係のありよう」という意味で「近代市民法」的な性格を有する「極」を軸の左側に設定して、③軸の右側に「社会保障法」的な性格を有する「極」を設定して、④「位置づけする対象」として、「所得の保障」における[「負担」と「給付」の関係]をその軸の上に置く、というものである。

　「所得の保障」について、[「負担」と「給付」]を結び付けるようなものとすれば、それは、軸の左側に位置付けされることとなる。[「負担」と「給付」]を切断させるようなものとすれば、それは、軸の右側に位置付けされることとなる。

　具体的な制度を見てみよう。日本の社会保障の中軸をなしているのは社会保険制度である。年金に関する制度を見るなら、「老齢」に関するものは、「負担したこと」と「給付」は結びつきが強く、「障害」と「死亡(遺族年金)」に関するものは、「負担したこと」と「給付」は結びつきが弱い。さらに、生活扶助(生活保護)については、その時点での[「負担」と「給付」]との関係は切断されている(ことが多い)。

　すなわち、「所得の保障」の[「負担」と「給付」]の関係は、[「分断・排除」と「連帯」]という枠組み=「関係のありよう」=で捉えるなら、一般的に、「連帯」という性格が強いものとして位置づけされるが、「老齢」に関するものについては、「分断・排除」という「関係のありよう」も強くみられる。

[「分断・排除」と「連帯」] という枠組みで [介護の保障] を捉える

テーマの設定

　Aさんが「寝たきりの状態」となった。歴史的に見れば、そのAさん＝「個人」＝のそのような状態は、①まずは、できるだけ「自力」で対応すべきであるとされ、それが無理なら、「私的な介護」に頼るべきだとされ、②その後、それも期待できない場合には、そのAさんは「社会的な介護の保障」の「必要な状態」として顕在化することになる。いわゆる「介護の社会化」である。このように、Aさん個人の「寝たきりの状態」は、Aさん「個人」のモノから徐々に広がりを持ち、最終的にはAさんの手を離れて「社会全体の関心事」へと変容する。

　Aさん「個人」の単なる（事実としての）「寝たきりの状態」を巡って存在していた「関係のありよう」は、①「分断された個々人の寝たきりの状態」＝「分断・排除」と、②「公共性を有する介護の必要な状態」＝「連帯」であり、その相互関係のありようが制度として具体化する。

この章でフォローすることの道筋
　Ⅰ　目　的
　Ⅱ　「介護の保障」の「必要性の発生」について [「分断・排除」と「連帯」] という枠組みで捉える
　Ⅲ　「介護の保障」の「負担」について [「分断・排除」と「連帯」] という枠組みで捉える
　Ⅳ　「介護の保障」の「給付」について [「分断・排除」と「連帯」] という枠組みで捉える
　Ⅴ　「介護の保障」の [「負担」と「給付」] の関係を「関係のありよう」で捉える（まとめ）

目的――[「分断・排除」と「連帯」]という枠組みで[介護の保障]を捉えること

　[介護の保障]を[「分断・排除」と「連帯」]という枠組みで捉えるということについて少し述べておこう。

　[介護の保障]がなされる発端となるのは、(単なる事実としての)「(いわゆる)寝たきりの状態」である。その「(いわゆる)寝たきりの状態」について、寝たきりの本人や家族が私的に対応すべきか、あるいは、社会で対応すべきかについては、答えは固定的でない。歴史的に見れば、①「(いわゆる)寝たきりの状態」が生じた原因、②「(いわゆる)寝たきりの状態」となった人、③「(いわゆる)寝たきりの状態」の内容、等によって、その対応のありようは変容してきた。

　[「分断・排除」と「連帯」]=「関係のありよう」によって[介護の保障]を捉えるわけであるが、具体的には、その「関係のありよう」というものを、①「必要性の発生」、②「負担」、③「給付」、④[「負担」と「給付」]の関係、という場面で捉えることとなる。これらの場面で捉えることによって、「(いわゆる)寝たきりの状態」に対応する[介護の保障]というものが、制度的な意味において、人々をどのような関係に置いているのかが分かることとなる。

　ここでの手法は、現代日本の[介護の保障]の実際を、「分断・排除」(左の極)と「連帯」(右の極)という、両極を持った「軸」=「関係のありようという軸」の上に置くことによって、現代日本の[介護の保障]の実際がどのようなものかを位置付けしようというものである。いわば、[介護の保障]に関わる実際の法現象が、「近代市民法」的なものから、「社会保障法」的なものまで、幅のある「軸」の上で性格付けされることになる。さらには、この作業によって、過去の現象や将来の現象についても位置付けが可能となる。

「介護の保障」の「必要性の発生」について ［「分断・排除」と「連帯」］という枠組みで捉える

　「介護の保障」の「必要性の発生」ということはどのような「関係のありよう」として捉えられるのであろうか。

　［子どもたちと同居している高齢者の（いわゆる）寝たきりの状態］を想定してみよう。その状態については、①［子どもたちと同居しているのであるから、子どもたちが介護すればよく、社会的対応は不要である］という位置付けも可能であり、②［子どもたちと同居していても、（いわゆる）寝たきりの状態であるから、社会的に対応されるべきである］という位置付けも可能である。

　［「必要性がある」ということはどのような「関係のありよう」で生じると考えられているのか］ということとの関係でいえば、前者は［「必要性の発生」を、実際に生活をしている閉じられた単位（空間）で生じていること］と捉えていることになるし、後者は、どのような単位（空間）で生活をしているかを問わずに、［「必要性の発生」を社会における「（いわゆる）寝たきりの状態」］と捉えることから、「（いわゆる）寝たきりの状態の人」同士での「分断・排除」は生じないこととなる。実際の制度をみるなら、どちらの位置付けも内包している。であるからこそ、制度が「法的な明確性」を持たずに、あやふやなものとして存在し、政治的な駆け引きとして使われ、結果として、「分断・排除」と「連帯」の軸の上でふらつきを見せることとなる。

　「（分断された）個人」における「必要性の発生」のように見えても、それが、「個人」の手を離れて、「家族」、「地域」、「国」における「必要性の発生」のように広がりを持つこともある。「多世代同居の（いわゆる）寝たきりの状態」、「核家族化した社会の（いわゆる）寝たきりの状態」等を念頭に置いて、実際の制度的対応をみれば、このことは理解できるであろう。

「介護の保障」の「負担」について [「分断・排除」と「連帯」] という枠組みで捉える

　[「分断・排除」と「連帯」] という枠組みで「介護の保障」を巡る費用の「負担」の意味を捉えてみよう。捉えるにあたって、まずは、一般論的な意味で捉えることを試みて、次に、具体的な制度を念頭に置いて捉えることとしよう。

　一般論的な意味で「介護の保障」の費用の「負担」を位置付けしようとするなら、それは、「介護」に要する費用を負担するのは、①（私的扶養を含む）「個々の（いわゆる）寝たきりの状態の人」か、②（いわゆる寝たきりの状態の人を含む）「社会」か、という形で振り分けされることとなる。前者は、「（いわゆる）寝たきりの状態の人」を「そうでない人」から切り離す＝「分断・排除」する＝ことになるものであり、後者は、「（いわゆる）寝たきりの状態の人」を「そうでない人」と結び付ける＝「連帯」させる＝ことになるものである。実際の制度はこれら両者の意味の組み合わせとなっている。

　介護保険の2号被保険者にとっての「保険料の負担」が、「負担するばかりで、自分たちは（いわゆる）寝たきりの状態になっていない」という具合になれば、それは「分断・排除」する機能を果たすことになる。さらに、制度が「加齢に伴い」としていることとの関係で、「若いときからの障害を有する2号被保険者」については、「負担」が「分断・排除」を生じさせることがある。そして、一部負担金は「利用した人」のみが負担することから、「分断・排除」する機能が強いものとして位置づけされるが、しかし、高齢となれば、多くの人が「（いわゆる）寝たきりの状態」になることから、制度自体は「連帯」させる機能を有しているといえる。もし、元気な高齢者がボランティアを行って、その行為にポイントなどを付けるとするなら、それは「分断・排除」の機能をはたすことになる。

「介護の保障」の「給付」について [「分断・排除」と「連帯」] という枠組みで捉える

　簡単な「例」を手掛かりに、「介護の保障」の「給付」について、「関係のありよう」で捉えてみよう。

　「例」は、お隣同士である「子どもや孫と同居している要介護のAさんのご夫婦」と「お子さんのいない、元気な高齢者Bさんのご夫婦」についてである。Aさんの家には、週に二回、介護事業者からの車がやってくる。そして、週に二回ホームヘルパがやってくる。Aさんは「介護の費用がかさむが、介護保険があったので助かった」と感じた。それをBさんが「子どもたちに介護をしてもらえばいいのに」、「自分たちは介護の給付を受けていないのに、あそこの夫婦は介護保険のお世話になっている」と思うか、「私たちも、いつ介護保険のお世話になるかわからない」と思うかは、Bさんの気持ち次第であるが、「自分たちは介護保険の給付を受けていないのに、あそこのご夫婦は介護保険のお世話になっている」と思った場合は、「介護の保障」の「給付」について「分断・排除」が生じたこととなる。また、「私たちも、いつ介護保険のお世話になるかわからない」と思った場合は、「連帯」が生じたこととなる。

　さて、10年後、その「Aさんの家庭」と「Bさんの家庭」との関係のありようは微妙に変化してきた。どういうことかと言えば、Bさん夫婦はそろって「重度の要介護状態」となってしまったのだ。以前から介護保険のお世話になっている「Aさんの家庭」で、夕食時に、「うちの子どもたちがBさん夫婦の介護の費用を負担しているんだよ」なんて会話が交わされていたら、これは、もう、「介護の保障」の「給付」を巡っての「分断・排除」以外の何物でもない状態である。今後、少子高齢化が進展すれば、このようなことが生じる可能性が高くなるだろう。

「介護の保障」の[「負担」と「給付」]の関係を「関係のありよう」で捉える(まとめ)

　「介護の保障」を巡る[「負担」と「給付」]の関係を「関係のありよう」という枠組みで捉えてみよう。

　作業手順は、すなわち、①まず、横軸を設置する。②「関係のありよう」という意味で「近代市民法」的な性格を有する「極」を軸の左側に設定して、③軸の右側に「社会保障法」的な性格を有する「極」を設定して、④「位置づけされる対象物」として、「介護の保障」における[「負担」と「給付」]の関係をその軸の上に置く、というものである。「介護の保障」について、[「負担」と「給付」]を結び付けるようなものとすれば、それは、軸の左側に位置付けされることとなる。[「負担」と「給付」]の関係を切断させるようなものとすれば、それは、軸の右側に位置付けされることとなる。

　具体的な制度を見てみよう。日本の社会保障の中軸をなしているのは社会保険制度である。実際の制度を見るなら、「長年にわたって、高額の負担をしたから、要介護度が高くなる」だとか、「多く負担したから、介護給付を多くもらえる」というような関係は成り立っていない。さらに、生活保護の介護＝介護扶助については、その時点では、[「負担」と「給付」]との関係は切断されているといってもよい。

　すなわち、「介護の保障」を巡る[「負担」と「給付」]の関係は、[「分断・排除」と「連帯」]という枠組み＝「関係のありよう」＝で捉えるなら、「連帯」という性格が強いものとして位置づけされることとなる。この点は「医療の保障」と類似している。ただし、実際の制度において、要介護者の「一部負担金」の割合が高くなってくると、「介護の保障」は「分断・排除」という性格が強いものとなってくる。

[「分断・排除」と「連帯」] という枠組みで [最低生活の保障] を捉える

テーマの設定

　身寄りのないAさんが「極めて貧困な状態」に陥った。そのAさん＝「個人」＝の状態は、「私的扶養」で対応できないこととなっている状態であることから、結果として、Aさん自身は、①「自己責任」の「主体」として放置されるか、②「社会的給付」の「主体」として顕在化するか、ということになる。即座にAさんを社会的な給付の「主体」としてくれるほど制度は甘くはない。Aさんの前には、常に「生活自立の原則」が立ちはだかっている。「最低生活の維持が困難な状態」を「個人」の事柄として、あくまで「自立」をせまる＝「分断・排除」する＝のか、それとも、「最低生活の維持が困難な状態」を「社会」的な事柄であるとして対応する＝「連帯」する＝のか、という具合に具体的な制度は揺れ動くことになる。

この章でフォローする道筋
Ⅰ　目　的
Ⅱ　「最低生活の保障」の「必要性の発生」について [「分断・排除」と「連帯」] という枠組みで捉える
Ⅲ　「最低生活の保障」の「負担」について [「分断・排除」と「連帯」] という枠組みで捉える
Ⅳ　「最低生活の保障」の「給付」について [「分断・排除」と「連帯」] という枠組みで捉える
Ⅴ　「最低生活の保障」の [「負担」と「給付」] の関係を「関係のありよう」で捉える（まとめ）

目的──[「分断・排除」と「連帯」]という枠組みで[最低生活の保障]を捉えること

　[最低生活の保障]を[「分断・排除」と「連帯」]という枠組みで捉えるということについて少し述べておこう。

　[最低生活の保障]がなされる発端となるのは「極めて貧しい状態」の発生である。その「極めて貧しい状態」というものについて、本人や家族が私的に対応すべきか、あるいは、社会で対応すべきかについては、答えは固定的でない。歴史的に見れば、①「極めて貧しい状態」が生じた原因、②「極めて貧しい状態」となった人、③「極めて貧しい状態」の内容、等によって、その対応のありようは変容してきた。

　制度による具体的な対応については、「責任」や「意思」など様々な角度からの説明が可能であるが、ここでは、[「分断・排除」と「連帯」]＝「関係のありよう」によって捉えることとなる。具体的には、[最低生活の保障]を巡っての「関係のありよう」を、①「必要性の発生」、②「負担」、③「給付」、④[「負担」と「給付」]の関係、によって捉えることとなる。これらによって捉えることによって、「極めて貧しい状態」に対応する[最低生活の保障]というものが、制度的な意味において、人々をどのような関係に置いているかが分かることとなる。

　ここでの手法は、現代日本の[最低生活の保障]の実際を、「分断・排除」（左の極）と「連帯」（右の極）という、両極を持った「軸」＝「関係のありようという軸」の上に置くことによって、現代日本の[最低生活の保障]の実際がどのようなものかを位置付けしようというものである。いわば、実際の法現象が、「近代市民法」的なものから、「社会保障法」的なものまで、幅のある「軸」の上で性格付けされることになる。現代日本の実際の法現象は、常に左の極を目指したものとしてあらわれている。

「最低生活の保障」の「必要性の発生」について [「分断・排除」と「連帯」]という枠組みで捉える

　「最低生活の保障」についての「必要性の発生」=「極めて貧困な状態の発生」=ということはどのような「関係のありよう」として捉えられるのであろうか。

　明治7年の「恤救規則」は、「極めて貧困な状態」というものに対しては「人民相互ノ情誼」により行うという前提に立っていた。そして、「恤救規則」によって対応がなされる「極めて貧困な状態の発生」=「目下難差置無告ノ窮民」=については、具体的には、「極貧」・「独り身」・「労働能力のないもの」とされていた。ここからわかることは、その当時の「必要性の発生」は、前提として「人民相互ノ情誼」が存在し、そして、制度的にみられる「極めて貧困な状態の発生」は、「極貧」・「独り身」・「労働能力のないもの」という具合に、「個々の分断された関係」ということとなる。

　今日では、制度的には「生活保護制度」があり、財源が「税」であることから、「極めて貧困な状態の発生」は「連帯」という「関係のありよう」として位置づけされている。しかし、「生活保護法」の第4条は「保護は、生活に困窮する者が、その利用し得る資産、能力その他あらゆるものを、その最低限度の生活の維持のために活用することを要件として行われる」、「民法……に定める扶養義務者の扶養及び他の法律に定める扶助は、すべてこの法律による保護に優先して行われるものとする」としており、「能力を有する者」と「そうでない者」とを「分断・排除」するという位置付けをも内包している。結果として、「最低生活の保障」についての「必要性の発生」は、「分断・排除」と「連帯」の軸の上でふらつきを見せることとなる。

「最低生活の保障」の「負担」について
[「分断・排除」と「連帯」]という枠組みで捉える

　社会保障を実施するためには「費用」が必要である。その財源を「税」とするのか、「保険料」とするのかは議論のあるところである。実際の制度はさておき、私たちは、「最低生活の保障」の「費用」＝「税」＝の「負担」についてどのように位置付けているのであろうか？

　「最低生活の保障」については、それを必要としている人々が、①社会保険の「費用」＝「保険料」の「負担」に参加しづらい経済的状況にあり、②生活保護の費用＝「税」＝の「負担」に参加しづらい経済的状況にあることは指摘されなければならない。とはいっても、それは、「最低生活の保障」が必要となったその時点でそのような状態にあるということであり、固定的なものではなく、かつては「負担」を行っていたかもしれない。さらには、消費税は「負担」しているだろう。そして、将来「税」を「負担」するかもしれない。それにもかかわらず、私たちは、「最低生活の保障」が必要となった時点でのこととして「負担」を位置付けしてしまうことになる。結果として、せっかく、人々が「税」を通じて「連帯」の基礎を作っているにもかかわらず、「最低生活の保障」を必要としている人々の多くが「負担と納付」に参加できていないことから、「最低生活の保障」が必要となった時点での事柄に限定され、「最低生活の保障」の「負担」は、属人的な様相を呈して、「分断・排除」という「関係のありよう」で姿を現すこととなる。

　「最低生活の保障」の「費用」＝「税」＝の「負担」に欠落しているのは、誰でも「最低生活の保障」が必要な状態になることがあるという「連帯」的な位置づけである。

「最低生活の保障」の「給付」について [「分断・排除」と「連帯」] という枠組みで捉える

　簡単な「例」を手掛かりに、「最低生活の保障」の「給付」について、「関係のありよう」で捉えてみよう。

　「例」は、東京の23区内に住むお隣同士である。「年金生活をしているAさん夫婦」と「生活保護世帯のBさん夫婦」はお隣同士である。自営業であったAさん夫婦が受給しているのは国民年金だけである。40年間未納がなく、二人合わせて、月額にすれば13万円くらいである。そのAさん夫婦がTVで「生活保護についての番組」を見てしまった。レポーターが「東京の23区（1級地の1）では高齢者の夫婦の世帯の最低生活基準は住宅扶助を含めて13万円以上」ということを言っていたのを聞いて、「えっ？？」と思った。

　Aさんが「自分たちは年金生活なのに、Bさんのところは生活保護のお世話になっている」と思うか、「私たちも、いつ生活保護のお世話になるかわからない」と思うかは、Aさんの気持ち次第であるが、「自分たちは年金生活なのに、Bさんのところは生活保護のお世話になっている」と思った場合は「最低生活の保障」の「給付」について「分断・排除」が生じたこととなる。また、「私たちも、いつ生活保護のお世話になるかわからない」と思った場合は、「連帯」が生じたこととなる。

　誤解してはいけないことがある。それは、もし、Bさんたちにわずかではあるが年金があるとすれば、Bさんたちには「最低生活基準」に満たない部分が、「生活保護」として支給されるということである。年金の制度と生活保護の制度は、相互に制度趣旨が異なっているので、それらを安易に比較して、間違っても、「年金」よりも「生活保護」が高いというように考えないことだ。

「最低生活の保障」の［「負担」と「給付」］の関係を「関係のありよう」で捉える（まとめ）

　「最低生活の保障」についての［「負担」と「給付」］の関係を「関係のありよう」という枠組みで捉えてみよう。

　作業手順は以下のようなものである。すなわち、①横軸を設置する。②「関係のありよう」という意味で「近代市民法」的な性格を有する「極」を軸の左側に設定して、③軸の右側に、それとは対照的な（「社会保障法」的な）性格を有する「極」を設定して、④「最低生活の保障」における［「負担」と「給付」］の関係を、「位置づけする対象」としてその軸の上に置く、というものである。

　「最低生活の保障」について、［「負担」と「給付」］を接合させるようなものとしての意味合いを強くして、ソレが意識や実際の制度に反映されているとすれば、それは、軸の左側に位置付けされることとなる。［「負担」と「給付」］を切断させるようなものとして意識や制度があれば、それは、軸の右側に位置付けされることとなる。

　具体的な制度を見れば、日本の社会保障の中軸をなしているのは社会保険制度である。そのことから、人々の意識の点では、社会保障について、［「負担」と「給付」］を接合させて位置づける傾向がある。そのこととの関係で、保険料を負担できないという状態にある人々についての「最低生活の保障」は、［「負担」していないのに「受給」している］という感覚を生み出すこともある。実際の制度についてみれば、生活保護については［「負担」と「給付」］との関係は切断されていることから、制度に限定してみるなら、「最低生活の保障」の［「負担」と「給付」］の関係は、軸上の右側に位置＝「連帯」＝しているものの、「負担」をしている人々と「最低生活の保障」を受給している人々とは「分断・排除」という関係になりやすい。

「関係のありよう」についての補足テーマ——練習

健康保険法（大正11年／法律第70号）にみる［「分断・排除」と「連帯」］

　制定当初の「健康保険法」は、強制被保険者を「工場法ノ適用ヲ受クル工場又ハ鉱業法ノ適用ヲ受クル事業場若ハ工場ニ使用セラルル者」とし、臨時に使用される者や年収1200円を超える職員は除いていた。家族の傷病に関する給付はなく、業務上・業務外の両者の傷病を給付の対象としていた。被保険者の内部においては、「連帯」的な位置付けは可能であったものの、被保険者となる人々とそうでない人々とは「分断」された。当時の日本の人口は約5700万人で、被保険者は約180万人であった。この「健康保険法」について、制定時の議事録を利用して、法案提出時の「傷病」の位置付けから、［「分断・排除」と「連帯」］という関係のありようを見てみよう。

　「……是等ハ不斷カラ斯様ナ場合ニ備ヘル爲ニ、他日ノ計ヲ考慮セシメテ置ケバ宜シイト云ヤウナ譯デアリマスケレドモ、彼等ノ知識道徳ノ程度ガ低イ事デゴザイマスシ、爲ニ遠キヲ慮ッテ将来ノ計ヲ爲スト云フ念慮ニ乏シイノデゴザイマス……（中略）サレバ強制ノ手段ニ依ッテ彼等ガ平素取得イタシマス所ノ収入ノ一部分ヲ割イテ、之ヲ貯蓄シ以テ將來生計ノ基礎ヲ鞏固ニセシムルト云フコトハ、人道上カラ申シマシテモ亦經濟上カラ申シマシテモ、共ニ必要缺クベカラサル事デアラウト思フノデアリマス……」（第45回帝国議会貴族院『健康保険法案特別委員会議事速記録』第1号・大正11年3月20日・1ページ）というように、あくまで本人の対応すべきこと＝傷病＝について、本人たちが対応する能力に欠けていることもあり、貴重な労働の担い手の人々については国の制度による限定された人々の範囲内での「連帯」が試みられた。

労働者年金保険法（昭和16年／法律第60号）の被保険者をめぐる[「分断・排除」と「連帯」]

　昭和16年に「労働者年金保険法」という法律が創設された。その16条は被保険者について、「女子」や「帝国臣民ニ非ザル者」を除外していた。このことを[「分断・排除」と「連帯」]で捉えてみよう。「被保険者となる人々」と「ならない人々」との関係は「分断・排除」の関係である。ところが、もっと深く考えなければならないことがある。それは、強制的な「連帯」の創設と年金制度との関係である。

　念頭に置かなければならないことは、「労働者年金保険法」の養老年金という給付（31条以下）がなされるためには20年以上の被保険者期間が必要であったということである。当時の「女子」や「帝国臣民ニ非ザル者」が、果たして、養老年金という給付を巡ってこれを満たすような働き方＝「連帯」＝をしていたであろうか。とりわけ「女子」については、[「家」制度]との関係で、長期にわたって就労し続けることは歓迎されることではなかったのである。「労働者年金保険法」は、その後、昭和19年に「厚生年金保険法」（法律第21号）に改正され、これによって「女子」は被保険者となった。そして、被保険者期間が3年以上ある女子が婚姻した場合などに「結婚手当金」という給付がなされることとなった。ここにあったのは、①労働力確保のために、女性が働くこと（＝究極的には女子の徴用）を[「家」制度]との関係でどう考えるか＝[「分断・排除」と「連帯」]ということであり、②さらには、「産めよ増やせよ」ということの確保＝「連帯」であり、③その両者をどのように実現させるか＝[「分断・排除」と「連帯」の揺らぎ]ということであった。結果として、「厚生年金保険法」は、「女子」を労働者として、そして、早期の結婚を奨励される者として位置づけ、「被保険者」とすることに踏み切ったのである。

第3部

[「私的な責任」と「社会的な責任」]
―― 「責任のありよう」という枠組みで捉える ――

第3部の全体像

　第3部では、「責任のありよう」という枠組みで、「社会保障の法現象」を捉え、さらに、それとの関係で描くことができる「社会保障法」について捉えることになる。現代では、ほとんどの「傷病」について、社会保障制度による対応がなされることになっている。そのことの背景にあるのは、「傷病」というものを「患者の責任で対応すべき出来事」として位置づけるのではなく、「社会的な責任で対応すべき出来事」として位置づける（＝結果として社会的費用を支出してよい）という考え方である。もちろん、時代によって、何が「社会的な責任で対応すべき傷病」として位置づけされるのかは変容している。とはいっても、加害行為による「傷病」や、労働災害による「傷病」などを考えると、「傷病」ということだけで一般化できないことは理解できるであろう。

　実際には「白か黒か」という具合に分別できない場合が多いのであるが、①結果としての「傷病が生じるにあたっての責任」との関係で、そして、②それに対して対応すべきとされる人＝責任を負うべきとされる人＝との関係で、生じた「傷病という状態」は色分けされることとなる。「社会的な責任によって対応されるべき傷病」と「みなされる」ということの分水嶺がカギを握っているのである。社会保険制度においては、「保険給付」の対象となる出来事を「保険事故」と表現する。そして「保険事故」はあらかじめ類型化されている。逆にいえば、「傷病」や「一定の年齢に達すること」などは、まずは、「社会的な責任で対応する出来事」とみなされているということになる。

　Ａさんが猛烈な感染症にかかった。Ａさんは自分の落ち度と考えてしまい、「社会保障の給付」を受けずに「自宅療養」をしていた。その後、入院を強要されてしまった。この場合の「責任」はどのようなものとして位置付けされるのであろうか。位置付けは幾つか可能である。一つは、「猛烈な感染症にかかったこと」は「本人の問題」なので、「本人」や「扶養義務者」が対応すべきであるというものである。もう一つ

は、「猛烈な感染症にかかったこと」は「社会全体に関わること」なので「社会的な責任」で対応するというものである。

(図)「責任のありよう」の軸

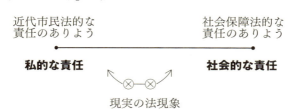

[「私的な責任」と「社会的な責任」] = 「責任のありよう」 = という枠組みで位置づけると、「生じている出来事」が、「どのようなモノとして位置づけされているか」が見えてくる。歴史的に見ようとするなら、[「社会的な責任」という「ありよう」の誕生] について捉えなければならない。そして、「社会保障法」の独自性を捕まえようとするなら、「近代市民法的な責任のありよう」と「社会保障法的な責任のありよう」について理解しなければならない。

> **第3部の具体的な構成**
> 第1章 [「私的な責任」と「社会的な責任」] という枠組みの設定と「社会保障法」
> 第2章 [「私的な責任」と「社会的な責任」] という枠組みで [医療の保障] を捉える
> 第3章 [「私的な責任」と「社会的な責任」] という枠組みで [所得の保障] を捉える
> 第4章 [「私的な責任」と「社会的な責任」] という枠組みで [介護の保障] を捉える
> 第5章 [「私的な責任」と「社会的な責任」] という枠組みで [最低生活の保障] を捉える

[「私的な責任」と「社会的な責任」]という枠組みの設定と「社会保障法」

テーマの設定

　幾つかの事例を挙げておこう。①歩いている時に交通事故に巻き込まれてケガをした場合、②酔っ払って歩いていて転んでけがをした場合、③自宅で転倒してけがをした場合……。これらについて皆さんは、「加害者が医療費を払うべきだ」と考えたり、「自分で払うべきだ」と考えたりするだろう。さらには「社会保険」が医療に対応すると考えるかもしれない。結論らしきものを出した皆さんは、「傷病という出来事」について、「傷病ではあるものの、誰によって対応される出来事なのか？」という枠組みで捉えていることになる。気がつかなければならないことは、同じく「傷病」という状態であるとしても、あるものについては「社会的に対応すべき出来事」とみなしていることについてであり、その場合に、「責任」という枠組みが役割を果たしていることについてである。

この章でフォローすることの道筋
Ⅰ　[「私的な責任」と「社会的な責任」]という枠組みの設定
Ⅱ　「必要性があること」を巡る[「私的な責任」と「社会的な責任」]
　　──責任のありよう
Ⅲ　「給付」を巡る[「私的な責任」と「社会的な責任」]
　　──責任のありよう
Ⅳ　「負担」を巡る[「私的な責任」と「社会的な責任」]
　　──責任のありよう
Ⅴ　[「負担」と「給付」]の関係を巡る[「私的な責任」と「社会的な責任」]
　　──責任のありよう

[「私的な責任」と「社会的な責任」] という枠組みの設定

　「責任という軸」を設定し、左端には「近代市民法」的な「責任」を置いて、右端には、「社会保障法」的な「責任」を置くとすれば、[「私的な責任」と「社会的な責任」] という枠組み＝「責任」のありようという枠組み＝が出来上がる。「実際に生じた出来事を巡る責任」や「制度にみられる責任のありよう」というような現実の出来事は、その軸の上で左右に揺れながら位置づけされることになる。

　歩いていた人が自動車にはねられたが、歩いていた人の側に全く落ち度がなかったとしよう。この場合、「その出来事」の位置は、皆さんの想像どおり、「責任という軸」の左側ということとなる。例えば、健康保険法はその57条1項で「保険者は、給付事由が第三者の行為によって生じた場合において、保険給付を行ったときは、その給付の価額……の限度において、保険給付を受ける権利を有する者……が第三者に対して有する損害賠償の請求権を取得する。」としており、「前項の場合において、保険給付を受ける権利を有する者が第三者から同一の事由について損害賠償を受けたときは、保険者は、その価額の限度において、保険給付を行う責めを免れる」（2項）としている。

　では、酔っ払ってけがをした場合はどうだろう。健康保険法はその117条で「被保険者が闘争、泥酔又は著しい不行跡によって給付事由を生じさせたときは、当該給付事由に係る保険給付は、その全部又は一部を行わないことができる」としている。自宅でケガをしたといっても「わざと」というような場合、健康保険法は、「被保険者又は被保険者であった者が、自己の故意の犯罪行為により、又は故意に給付事由を生じさせたときは、当該給付事由に係る保険給付は、行わない。」としている（116条）。ただし、現実の場面では「白か、黒か」という具合にはならない。

「必要性があること」を巡る［「私的な責任」と「社会的な責任」］——責任のありよう

　「必要性のあること」が、社会によってどのようなものとして位置づけされるのかによって、結果的に、社会保障の「給付」の位置付けは異なるものとして現われる。もう少し具体的に述べれば、「必要性のあること」を「私的な責任」によって対応すべきこととするのか？あるいは、「社会的な責任」によって対応すべきこととするのか？によって、社会保障の「給付」は「近代市民法」的な性格を持ったモノとなったり、それとは異なる性格を持ったモノとなったりする。それにとどまらず、［「必要性のあること」を、「私的な責任」によって対応すべきこと］とする場合には、そのこととの関係で、［「負担すること」も「私的な責任」］とされることになる。そして、［「必要性のあること」を「社会的な責任」によって対応すべきこと］とする場合には、そのこととの関係で、［「負担すること」も社会的な責任］として指向されることになる。すなわち、「社会的な責任」という「責任」の「ありよう」は、［「必要性のあること」と「負担したこと」］を、特定の人を念頭に置いたり、属人的に結び付けたりすることはないが、［「必要性のあること」と「負担すること」］を、共に総体としての社会的なこととして、制度の中でパッケージ化するという「責任のありよう」を生み出すこととなる。このような「責任」についての位置付けの基盤をなしているのは、例えば、生・老・病・死という出来事は、誰にでも生じる避けられない事柄であるとする考え方である。

　歴史的に見れば、［流行病に罹患したこと］に見ることができるように、［医療の必要性のある状態］の発生は、個々人の「私的な責任」の範囲にとどまりえず、「社会的な責任」で対応すべき共有された心配事として位置づけられ、税金などで対応されるに至ったのである。

「給付」を巡る［「私的な責任」と「社会的な責任」］
——責任のありよう

　社会保障の「給付」を巡る「責任のありよう」は、［「私的な責任」と「社会的な責任」］とが微妙に絡み合ったものとして存在している。その絡み合いは、まずは、（「傷病」などの）「出来事」についての［「社会保険による給付」と「私保険による給付」との関係］というようなこととの関係で生じる。この場合は、［「私的な責任による給付」と「社会的な責任による給付」］を性格の異なるモノとして位置づけ、相互に独立したものと位置づけすることになる。さらに区分が明確になるのは、傷病について加害者が存在している場合である。この場合、「対応」を巡る［「私的な責任」と「社会的な責任」］との関係は異なる。健康保険法は、その57条で「保険者は、給付事由が第三者の行為によって生じた場合において、保険給付を行ったときは、その給付の価額……の限度において、保険給付を受ける権利を有する者……が第三者に対して有する損害賠償の請求権を取得する」（1項）とし、「前項の場合において、保険給付を受ける権利を有する者が第三者から同一の事由について損害賠償を受けたときは、保険者は、その価額の限度において、保険給付を行う責めを免れる」（2項）としている。このように、「私的な責任」によるものを基礎として、それで対応されないとされたものについて「社会的な責任」での「給付」がなされることになる。

　老齢年金の「給付」と本人の就労等による「所得」との関係も、社会保障の「給付」を巡る［「私的な責任」と「社会的な責任」］との関係について重要なことを教えてくれる。①社会保障の「給付」について、「要件」を満たしたので受給できるものと位置づけするか、②「私的な責任」での一定額の所得がある場合には「社会的な責任」による「給付」をしないと位置づけするか、によって具体的な制度の内容は変わってくる。

「負担」を巡る［「私的な責任」と「社会的な責任」］
――責任のありよう

　社会保障の「負担」の位置は、人々の意識においても、具体的な制度においても、「私的な責任」としての機能や役割を果たすこともあるし、また、「社会的な責任」の機能や役割を果たすこともある。

　日本の社会保障の中軸は社会保険制度である。そのことが、実際の場面では、「負担」を巡る［「私的な責任」と「社会的な責任」］を生じさせることとなる。例えば、意識の面では、「自分たちは負担しているのに、貰えるかどうかわからない」＝「負担」についての「私的な責任」（のような位置づけ）＝となることもあるし、「貰えるかどうかに関わらず、負担なければならない」＝「社会的な責任」（のような位置づけ）＝となることもある。

　実際の制度はそう単純ではない。なぜなら、Ａさんが「負担」したことは、Ａさんの「受給」と結び付くようにみえる＝「私的な責任」のようにみえる＝場面もあるし、Ａさん以外の人の「受給」と結び付くように見える＝「社会的な責任」のように見える＝場面もあるからである。見落としてならないことは、Ａさんが「負担」したことは、実は、（Ａさんを含めた）「社会的な給付」と結び付く＝「社会的な責任」＝ということについてである。

　意識の点では、「税」の「負担」を巡っては、このことがさらに鮮明になる。例えば、「自分たちが負担した税で、あの人たちは生活している」＝「社会的な責任」＝という具合にである。要するに、「自分たちは、社会的に負担する責任を負った人」で、「あの人たちは社会的に負担する責任を免れた人」という具合に、（意識の中でさえ）立場を固定的なものとして位置づけしてしまうことが、「負担」を巡る［「私的な責任」と「社会的な責任」］の関係を生み出すこととなるのである。

[「負担」と「給付」]の関係を巡る[「私的な責任」と「社会的な責任」]——責任のありよう

「Aさんのなした負担」は、どのように意義づけがなされるのであろうか。「責任のありよう」という観点から見た場合、①「Aさんのなした負担」は「Aさんへの給付」と結び付いているように制度が構成されていれば、[「負担」と「給付」]の関係は「私的な責任」を巡る関係であるかのように位置づけされる。それに対して、②「Aさんのなした負担」は「Aさんへの給付」と切断されているように制度が構成されていれば、[「負担」と「給付」]の関係は「社会的な責任」を巡る関係であるかのように位置づけされる。実際の制度をみるなら、[「負担」と「給付」]の関係を巡る責任のありようは、[「私的な責任」と「社会的な責任」]がミックスされたものとなっている。

とはいっても、医療保険においては、「Aさんのなした負担」が「Aさんへの給付」と切断されているように制度が構成されており、[「負担」と「給付」]の関係を巡る責任のありようは、「社会的な責任」の要素が強いものといえる。それに対して、老齢に対して給付される年金においては、「Aさんのなした負担」が「Aさんへの給付」と結び付いているように見えることも否定できないことから、[「負担」と「給付」]の関係を巡る責任のありようには「私的な責任」の要素もないわけではないといえる。しかし、両親が病気で「死亡」し、残された中学生の（死亡した方に扶養されていた）Bさんが受給することになる「遺族としての給付」は、（Bさんは）被保険者として「負担」したことはないが、所得保障の必要性が生じたということから受給するものであり、ここにみられる[「負担」と「給付」]の関係を巡る責任のありようは、「社会的な責任」というものである。

[「私的な責任」と「社会的な責任」] という枠組みで [医療の保障] を捉える

テーマの設定

　おおざっぱにいえば、[医療の保障] とは、「傷病」という「出来事」に社会的に対応するというものである。これを「責任のありよう」という観点から見れば、「傷病」という「出来事」に「社会的な責任」で対応するということである。このように表現できるのは、「健康保険法」というような、実際の制度に見られる「責任のありよう」を手掛かりとしている。そこで、[[出来事] についての「責任のありよう」] で具体的な法現象を捉えるというテーマが設定されることになる。

　歴史的経緯を見るなら、「社会的な責任」によって対応される「傷病＝出来事」は広がりをみせ普遍性を備えたかのようである。しかし、制度の根幹にある「社会的な出来事」と「社会的な給付」という基本的な性格を失うことはない。従って、「社会的な責任」の対象となる「社会的出来事」にも固有の守備範囲が存在しているはずである。

この章でフォローすることの道筋
I　目　的
II　「医療の保障」の「必要性の発生」について [「私的な責任」と「社会的な責任」] で捉える
III　「医療の保障」の「負担」について [「私的な責任」と「社会的な責任」] で捉える
IV　「医療の保障」の「給付」について [「私的な責任」と「社会的な責任」] で捉える
V　「医療の保障」の [「負担」と「給付」] の関係を「責任のありよう」で捉える（まとめ）

目的――[「私的な責任」と「社会的な責任」]という枠組みで[医療の保障]を捉えること

　日本には、医療保険制度を中軸とした医療保障の制度が存在する。それらはいったいどのようなものなのだろう。読者は、「健康保険法」などを読めばわかると答えるかもしれない。しかし、それだけでは、「どのようなものか」についての「答え」になっていない。そこで「ありようで捉える」ことが役に立つこととなる。

　日本では、昭和30年代後半に「国民皆保険」という体制が出来上がった。ここに至る経緯を[[出来事]と[責任のありよう]]で表現すれば、[[傷病]という出来事]についての[「私的な責任」から「社会的な責任」への移行]と見ることができる。では、[[私的な責任」から「社会的な責任」への移行]という現象は、具体的にどのような形で現れているのであろうか。

　たとえば、「ケガという出来事」が第3者の加害行為によって発生したとしよう。この場合、医療保険の給付はなされるのであろうか。A.「医療保険の給付はなされる」、B.「医療保険の給付はなされない」、といういずれの答えを得るにしても、結論を得る際に考慮されるのは、①その「ケガという状態」が生じたのは「誰の責任」ということになるのかについてであり、そのこととの関係で、②その「ケガという状態」について「誰の責任で対応すべきか」ということである。そして、制度化された結論を得ることになる。「傷病」をはじめとして、私たちの日常生活には、私たちがどれだけ用心していても避けられない「出来事」が待ち受けている。それらの様々な「出来事」について、どのような「責任のありよう」で対応されることとされているのかを理解することは、独自の法としての「社会保障法」を捉えるにあたっては不可欠なものである。

「医療の保障」の「必要性の発生」について [「私的な責任」と「社会的な責任」] で捉える

健康保険法は、第57条で「保険者は、給付事由が第三者の行為によって生じた場合において、保険給付を行ったときは、その給付の価額……の限度において、保険給付を受ける権利を有する者……が第三者に対して有する損害賠償の請求権を取得する」（1項）、「前項の場合において、保険給付を受ける権利を有する者が第三者から同一の事由について損害賠償を受けたときは、保険者は、その価額の限度において、保険給付を行う責めを免れる（2項）としている。これは、「給付」の必要性が発生することになる「傷病（という出来事）」などについて、その「出来事」を発生させた「責任」との関係で位置づけた、典型的な具体例である。

では、ケンカによって発生した「ケガ」はどうだろう。さらに、飲み過ぎで転んで「ケガ」をした場合はどうであろうか。健康保険法の116条は「被保険者又は被保険者であった者が、自己の故意の犯罪行為により、又は故意に給付事由を生じさせたときは、当該給付事由に係る保険給付は、行わない」としているし、117条は「被保険者が闘争、泥酔又は著しい不行跡によって給付事由を生じさせたときは、当該給付事由に係る保険給付は、その全部又は一部を行わないことができる」としている。

「故意に給付事由を生じさせたとき」や「闘争、泥酔又は著しい不行跡」について、「白か黒か」という具合に、事前にラインを引くことは不可能である。ただし、「医療の保障」の「必要性の発生」ということについて、「私的な責任」と「社会的な責任」という切り分けが制度的になされており、[「ケガであれば何でも社会的給付がなされる」ということにはなっていない] ということは理解できるであろう。

「医療の保障」の「負担」について［「私的な責任」と「社会的な責任」］で捉える

　「医療の保障」の「負担」について、健康保険法は「被保険者及び被保険者を使用する事業主は、それぞれ保険料額の二分の一を負担する。ただし、任意継続被保険者は、その全額を負担する」（161条1項）とし、「事業主は、その使用する被保険者及び自己の負担する保険料を納付する義務を負う」（同2項）としている。また、国民健康保険法は「保険者は、国民健康保険事業に要する費用……に充てるため、世帯主又は組合員から保険料を徴収しなければならない」（76条）としている。これらは、国民皆保険という、社会保障としての社会保険についてのことである。社会保険の保険料の「負担」を「責任のありよう」ということで捉えれば、以下のようになる。まず、社会保険としての医療保険では、（今のところ）民間保険のように「負担」する人が「病気がちか、否か」を問わないことになっている。保険料が高額か否かは、おもに、所得などの負担能力との関係で設定されることになっているのである。国民健康保険においては、「保険者は、条例又は規約の定めるところにより、特別の理由がある者に対し、保険料を減免し、又はその徴収を猶予することができる」（77条）とされている。保険料を減免されたからといって、療養の給付が低劣なものとなることはない。「社会的な責任」としての「負担」は、「負担」能力と結びついているのである。ただ、病院などでの一部負担金については、それが「療養の給付」を受けたこととの関係で発生するものであることから、窓口での「負担（＝一部負担金）」の位置は、「私的な責任」と「社会的な責任」との間で揺らぐこととなる。生活保護の医療（＝医療扶助）については、大まかに言えば「負担」は生じないが、非被保護世帯であった人々について、窓口での「負担」が高額となったことの結果、生活保護世帯となってしまうことも考慮しなければならない。

「医療の保障」の「給付」について[「私的な責任」と「社会的な責任」]で捉える

　「医療の保障」の「給付」について、「対応する責任のありよう」をわかりやすくしているものとして、健康保険法85条の「入院時食事療養費の支給」を挙げることができる。85条は「被保険者……が、厚生労働省令で定めるところにより、第63条第3項各号に掲げる病院又は診療所のうち自己の選定するものから同条第1項第5号に掲げる療養の給付と併せて受けた食事療養に要した費用について、入院時食事療養費を支給する」（1項）、「入院時食事療養費の額は、当該食事療養につき食事療養に要する平均的な費用の額を勘案して厚生労働大臣が定める基準により算定した費用の額……から、平均的な家計における食費の状況を勘案して厚生労働大臣が定める額……を控除した額とする」（2項）としている。ひと塊りのように見える「入院」という状態ではあっても、入院時の「食事のための支出」という「出来事」について、「入院した者が私的な責任で負担する部分」と「社会的な責任として負担する部分」という具合に、「対応する責任のありよう」を切り分けて整理している。在宅で療養している人々のことを考慮に入れて、「お米」・「水」などは「私的な責任で負担する」としつつも、「食事」を「薬剤」と同じように考えなければならない「食事療養」については、「社会的な責任として負担する」という風に考えるわけである。同様のことは、「入院時生活療養費」についても見られる。

　「医療の保障」の「給付」について生じるこのようなことは、「医療の保障」として行われている「給付」を細分化して整理し、「私的な責任」で対応する部分と「社会的な責任」で対応する部分に、再配分した結果として具体化している。「ケチケチするな」と言いたいところだが、「社会的な責任」をどの範囲までとするかについての明確な線引きがなされるわけである。

「医療の保障」の［「負担」と「給付」］の関係を「責任のありよう」で捉える（まとめ）

　日本の社会保障は社会保険を中軸としているが、「税」を財源とする「生活保護」も重要な役割を果たしている。

　現代の私たちは「傷病」という「出来事」について、当たり前のように「医療の保障」を受けることができると考えているかもしれない。ところが、歴史的に見ると、「傷病」という「出来事」は、以前からそのように位置づけされたものではなかった（当たり前か）。「傷病」という「出来事」が現代のような姿に至る過程で大きな役割を果たしたモノが、「傷病」という「出来事」についての「責任のありよう」というものである。制度に引きつけていうなら、「医療の保障」における［「負担」と「給付」］との関係が、どのような「責任のありよう」となって姿を現しているのかが、具体的な制度の特徴のひとつを形作っている。

　社会保障としてなされている医療保険においては、［「負担」と「給付」］との関係は、さほど強く結びついてはいない。例えば、「多く負担したからといって、重病になるということではない」し、「濃厚な医療を受けている人の保険料が高額であるということはない」という具合にである。その意味では、医療保険における「責任」のありようは、「近代市民法」的な「責任」のありようとは様相を異にする。ただし、病院での一部負担金については、「高い医療を受ければ負担は高額となる」ということなので、「近代市民法」的な「責任」のありようを残存させているともいえる。

　生活保護の医療給付（＝医療扶助）については、［「負担」と「給付」］との関係は切断されているといってもよく、「傷病という出来事」を「社会的な責任」で対応するものとして位置づけしている。

[「私的な責任」と「社会的な責任」] という枠組みで [所得の保障] を捉える

テーマの設定

［所得の保障］とは、「所得の喪失」や「支出の増大」という「出来事」に社会的に対応するというものである。これを「責任のありよう」という観点から見れば、「所得の喪失」や「支出の増大」という「出来事」を「個人の責任」との関係で位置づけせずに、「社会的な責任」で対応するということである。このように表現できるのは、歴史的経緯を経た「国民年金法」や「厚生年金保険法」というような実際の制度に見られる「責任のありよう」を、私たちが知っているからである。

「所得の喪失」や「支出の増大」という出来事についての、「社会的な責任」による対応は広がりをみせ普遍性を備えたかのようである。しかし、「社会的な出来事」と「社会的給付」という、制度の根幹にある基本的性格自体が変わることはない。「社会的責任」の対象となる「所得の喪失」や「支出の増大」にも固有の意義付けがなされているはずである。

この章でフォローすることの道筋

I 目 的
II 「所得の保障」の「必要性の発生」について [「私的な責任」と「社会的な責任」] で捉える
III 「所得の保障」の「負担」について [「私的な責任」と「社会的な責任」] で捉える
IV 「所得の保障」の「給付」について [「私的な責任」と「社会的な責任」] で捉える
V 「所得の保障」の [「負担」と「給付」] の関係を「責任のありよう」で捉える（まとめ）

目的──[「私的な責任」と「社会的な責任」]という枠組みで[所得の保障]を捉えること

あるときまで社会保険給付の対象とされていなかった出来事＝A＝が、制度創設によって「給付」の対象となる出来事となったと仮定しよう。例えば、昭和16年の労働者年金保険法の創設などがこれにあたるし、制度改革によって導入された新しい「給付」もこれにあたる。

労働者年金保険法が制定された当時、その前身的なものとして「退職積立金及び退職手当法」（昭和11年）が存在していた。高級官吏や軍人については、明治期から恩給制度が存在していたが、それ以外の人々については、この「退職積立金及び退職手当法」によって、退職後の「所得の保障」がなされることとなった。

ではなぜ、この「退職積立金及び退職手当法」というようなものが創設されたのであろうか。当時の議事録を見てみよう。「退職」・「失業」という出来事と、それへの対応について、「……労働者ハ實際問題ト致シマシテ、少シク金ガ溜リマスト云フト、直グニ色々ノ事情ヲ申出デマシテ拂戻シヲ請求スルノガ今日迄ノ實情デアルノデアリマス……」（政府委員・赤松小寅）（第69回帝國議會貴族院『退職積立金及退職手當法案特別委員會議事速記録第二號』昭和11年5月25日21ページ）という発言がなされたし、「本案制定ノ大キナ目的ノ上カラ申シマシテ、労働者自身モ自助的ニ自身ノ退職後ノ用意ヲシテ、成ルベク社會ニ御迷惑ヲ掛ケルコトヲ自ラ少クスル心掛ヲ致シテ行クト云フ、道徳的意味ヲ強調致シマス必要上、多少ノコトハ我慢シテ貰ヒマシテモ、是ハ強制貯金デ參ルノガ妥當デアルト考ヘマシテ……」（政府委員・赤松小寅）（同前22ページ）という発言がなされた。おおざっぱにいえば、「所得の喪失」という状態について、本人たちの「自己責任に任せておいては対応は無理である」と考えられていたのである。

「所得の保障」の「必要性の発生」について [「私的な責任」と「社会的な責任」] で捉える

　「所得の喪失」や「支出の増大」というような出来事は、「個人の落ち度」で生じるものであろうか？それとも、「社会的なものとして」生じるものであろうか？このような問いかけに対しては、「一概には言えない」、「場合によりけり」という答えが待ち受けている。それでいいのだ。従って、「所得の喪失」や「支出の増大」について、ある場合は、「私的な責任」とせずに、「社会的な責任」とすることが制度的に生じることになる。

　歴史的に見れば、そして、一般的には、「所得の喪失」や「支出の増大」という出来事は、「私的な責任」として発生するという位置付けから「社会的な責任」として発生するという位置付けへと移行してきたといえる。とはいっても、「所得の保障」を必要とすることが、すべての場合において、「社会的な責任」として発生するということにはなっていない。具体的な制度でいえば、年金（保険）制度は、「所得の喪失」が生じる場合について、「老齢」・「障害」・「死亡」という具合に想定して類型化しているものの、例えば、国民年金法は、「故意に障害又はその直接の原因となった事故を生じさせた者の当該障害については、これを支給事由とする障害基礎年金は、支給しない」（69条）としている。「死亡」についても同様の規定がある。これは、「必要性の発生」という出来事について「私的な責任」と位置付けるものと、「社会的な責任」と位置付けるものを切り分けしている一例である。ただし、「わざと高齢になる」ということは、（多分）あり得ないので、老齢基礎年金については類似した規定は存在しない。ということは、もし、「所得の保障」の必要な状態が「高齢」ということとの関係によって生じたとしたら、それはストレートに「社会的な責任で対応されるもの」とみなされるということになる。

「所得の保障」の「負担」について [「私的な責任」と「社会的な責任」] で捉える

　歴史的にみると、日本における社会保障は社会保険を核として拡大し今日に至っている。そして、社会保険は社会保障の重要な一分野を構成している。そのような事実を踏まえたうえで、もし、保険料を「負担」していない人に「所得の保障」の必要な状態ということが生じたとしたら、ソレをどのようなこととして位置付けたらよいのだろう。

　このようなことに接近するためには、「私的な責任」と「社会的な責任」の関係＝責任の枠組み＝で、「所得の保障」の「負担」について位置づけることが求められる。「所得の保障」の「負担」について、「私的な責任」を強調すれば、「負担していること」は、「自分の受給権」のための「私的な責任」に近いものとして位置づけされる。他方、「所得の保障」の「負担」について、「社会的な責任」を強調すれば、「負担」は、「給付を必要としている人のため」の「社会的な責任」という位置付けがなされることとなる。

　実際の制度を見てみよう。「保険料の負担」は、二つの位置づけが可能となっている。一つは「私的な責任」の強調である。これについては、被保険者としての「負担」が「支給要件」や「給付（額）」と結び付いていることから導かれるものである。もう一つは、「社会的な責任」の強調である。これについては、①負担能力による保険料の減免があることや、②長期間にわたって「負担」したとしても「死亡」したことによって失権すること、等から導かれるものである。「保険料の負担」とは異なり、「税の負担」については「社会的な責任」が強調される。なぜなら、公的扶助においては、「税負担できること」は「受給」できないことと結合することが多く、「税負担できないこと」が「受給」できることと結合しやすいからである。

「所得の保障」の「給付」について[「私的な責任」と「社会的な責任」]で捉える

　「所得の保障」の「給付」について、対応する「責任のありよう」で位置づけてみよう。「所得の喪失」や「支出の増大」という事実があったとしても、そのことが自動的に、社会保障としての「所得の保障」に結び付くとは限らない。制度は、あらかじめ線引きすることによって、「社会的な責任」として「給付」されるのか？否か？を示している。例えば、厚生年金保険法73条の「被保険者又は被保険者であった者が、故意に、障害又はその直接の原因となった事故を生ぜしめたときは、当該障害を支給事由とする障害厚生年金又は障害手当金は、支給しない」がそれに当たる。「故意に」といっても、具体的にどのような場合がソレに該当するかは分からない、という反論があるかもしれない。とはいっても、線引きはなされているのである。

　「社会的な責任」として「給付」されることを明確に見てとれるものとして「遺族給付」がある。厚生年金保険法58条は「遺族厚生年金は、被保険者又は被保険者であった者が次の各号のいずれかに該当する場合に、その者の遺族に支給する」として、「被保険者……が、死亡したとき」（1項1号）としている。これは、被保険者の死亡によって、それまで被保険者によって扶養されていた者に生じた「所得の保障」の必要性に着目した「給付」である。このことを、被保険者が「負担」していたにもかかわらず、（老齢）年金を「受給」せずに死亡したから、残された遺族に相続されたモノと位置付けてはならない。「遺族給付」に内在するこのような「社会的な責任」という性格は、受給権者が死亡した時などに「失権」する（63条）という規定にも見ることができる。この場合は、「社会的な責任」による「給付」を必要とする状態がなくなったと位置づけされるのである。

「所得の保障」の［「負担」と「給付」］の関係を「責任のありよう」で捉える（まとめ）

　私たちは「所得の喪失」や「支出の増大」という「出来事」について、当たり前のように「所得の保障」を受けることができると考えているかもしれない。ところが、歴史的に見ると、「所得の喪失」や「支出の増大」という「出来事」は、以前からそのように位置づけされたものではなかった（当たり前か）。「所得の喪失」や「支出の増大」という「出来事」が現代のような姿に至る過程で大きな役割を果たしたモノが、「出来事」についての「責任のありよう」である。制度に引きつけていうなら、「所得の保障」における［「負担」と「給付」］との関係が、どのような「責任のありよう」となって姿を現しているのかが、具体的な制度の特徴のひとつを形作っている。

　社会保障としてなされている年金（保険）においては、［「負担」と「給付」］との関係は、複雑なありようを呈しており、ダブルスタンダードを形作っているともいえる。例えば、①「負担していないからもらえない」、②「負担していても必要性がないので貰えない」という具合である。前者においては、［「負担」と「給付」］の関係は、「負担」というものを、［「私的な責任」と「私的な受給権」］に類似するようなものとして位置づけしている。それに対して、後者に見られる関係は、「負担」というものを「社会的な責任」とし、それとは切断されたものとして「社会的な給付」を位置付けしているものである。このようなダブルスタンダードともいえる様相は、社会保険として実施されている年金（保険）にとどまらず、「所得の保障」という機能を果たしている生活保護にも影響を及ぼすこととなる。「あの人たちは、負担していないのに貰っている」という生活保護受給者に対しての批判めいた発言は、先程述べた①と②の裏がえしのようなもので、私たちの心の中にあるスタンダードの複雑さを示している。

[「私的な責任」と「社会的な責任」]という枠組みで[介護の保障]を捉える

テーマの設定

　[介護の保障]とは、「介護を必要とする状態」という「出来事」に社会的に対応するというものである。これを「責任のありよう」という観点から見れば、「介護を必要とする状態」という「出来事」を「個人の責任」の問題とせずに、「社会的な責任」で対応するということである。このように表現できるのは、歴史的経緯の中で形成されてきた、「老人福祉法」や「介護保険法」というような実際の制度の中に見られる「責任のありよう」を手掛かりとしている。

　「介護を必要とする状態」という「出来事」についての「社会的な責任」による対応については、制度的拡がりもみられるようになってきた。しかし、「社会的な出来事」と「社会的給付」という、制度の根幹にある基本的性格は変わることはない。「社会的な責任」の対象となる「介護を必要とする状態」にも固有の守備範囲が存在しているはずである。

この章でフォローすることの道筋
Ⅰ 目 的
Ⅱ 「介護の保障」の「必要性の発生」について[「私的な責任」と「社会的な責任」]で捉える
Ⅲ 「介護の保障」の「負担」について[「私的な責任」と「社会的な責任」]で捉える
Ⅳ 「介護の保障」の「給付」について[「私的な責任」と「社会的な責任」]で捉える
Ⅴ 「介護の保障」の[「負担」と「給付」]の関係を「責任のありよう」で捉える（まとめ）

目的──[「私的な責任」と「社会的な責任」]という枠組みで[介護の保障]を捉えること

「要介護の状態」という事実が発生したからといって、それがストレートに社会保障としての[介護の保障]に結び付くとは限らない。順次説明するなら、まず、同じく「要介護の状態」といっても様々であることが挙げられる。例えば、①交通事故による「要介護の状態」、②小さいときからのショウガイによる「要介護の状態」、③生まれて間もない赤ちゃんの「要介護の状態」などなど、ということになる。「そこまでこだわらなくてもよい」というようなことかもしれないが、実は、とても大切なことが潜んでいる。大切なことは、①「出来事」としての[「要介護の状態」の何が社会的とみなされるのか]ということと、②[「要介護の状態」をめぐる何について社会的な給付がなされるのか]ということについてよく理解することである。

私たちがよく知っている「介護保険法」ができるまでは、「要介護の状態」については、①制度的には「老人福祉法」(措置方式)が対応していたし、②家族による対応(私的介護)がなされていた。その後、「介護保険法」が施行されたことによって、「社会保険」としての給付がなされることとなった。この事実は、[介護の保障]というものを[「私的な責任」と「社会的な責任」]という枠組みで捉えるにあたって、大きな意味を持っている。この事実とは、すなわち、それまでは、社会保険の給付対象とされていなかった「出来事」が、制度創設によって社会保険の給付の対象となる「出来事」となったということである。「責任」という軸を設定してみると、「要介護という状態」が、歴史的経緯の中で、[「私的な責任(左の極)」と「社会的な責任(右の極)」]との間で常に揺れ動いていたことが分かってくる。このように捉えることを試みることが、ここでの目的となる。

「介護の保障」の「必要性の発生」について ［「私的な責任」と「社会的な責任」］で捉える

　歴史的に見れば、「介護の必要な状態」という「出来事」は、「私的な責任」として発生する出来事という位置付けから、「社会的な責任」として発生する出来事という位置付けへと移行してきたといえる。とはいっても、「介護の必要な状態」という「出来事」のすべてが、「社会的な責任」として発生するということにはなっていない。具体的な制度でいえば、「介護保険法」は、「要介護状態」というものについて、「身体上又は精神上の障害があるために、入浴、排せつ、食事等の日常生活における基本的な動作の全部又は一部について、厚生労働省令で定める期間にわたり継続して、常時介護を要すると見込まれる状態であって、その介護の必要の程度に応じて厚生労働省令で定める区分……のいずれかに該当するもの……をいう」（7条）としているものの、その「要介護状態」が「自己の故意の犯罪行為若しくは重大な過失により、又は正当な理由なしに介護給付等対象サービスの利用若しくは居宅介護住宅改修費若しくは介護予防住宅改修費に係る住宅改修の実施に関する指示に従わないことにより、要介護状態等若しくはその原因となった事故を生じさせ、又は要介護状態等の程度を増進させた被保険者の当該要介護状態等については、これを支給事由とする介護給付等は、その全部又は一部を行わないことができる」（64条）としている。

　ここからわかることは、「介護の必要な状態」という「出来事」について、制度が「私的な責任」と位置付けるものと、「社会的な責任」と位置付けるものを切り分けて対応していることである。そして、その切り分けが、永遠不変のものとしてあるのではなく、社会的状況の変化に応じて変容していることにも注意しなければならない。

「介護の保障」の「負担」について [「私的な責任」と「社会的な責任」] で捉える

　介護保険法の第1条は「……国民の共同連帯の理念に基づき介護保険制度を設け、その行う保険給付等に関して必要な事項を定め、もって国民の保健医療の向上及び福祉の増進を図ることを目的とする」としている。ここにある「国民の共同連帯の理念」の具体化の一つが、「介護の保障」の「負担」＝費用のありよう＝という形で現れている。

　具体的に見てみよう。費用についての121条以下では、「公費」が50％（原則として国が25％・都道府県が12.5％・市町村が12.5％）で、保険料が50％とされている。そして、保険料については、65歳以上の第1号被保険者だけでなく、40歳以上65歳未満の医療保険加入者である第2号被保険者も保険料を負担することとなっている。第2号被保険者については、医療保険の保険料と合わせて介護保険の保険料を負担することとなっている。さらに、給付を受けた高齢者自身も要した費用の10％を一部負担金として負担することとなっている。

　このようにみてくると、「介護の保障」に対応するための費用の「負担」は、「社会的な責任」を重視し、「国民の共同連帯の理念」のもとで具体化されているといえよう。それらのうちで、給付を受けた高齢者自身が、要した費用の負担割合を（例えば20％というように）上げるとするなら、「介護の保障」の「負担」について、「社会的な責任」から「私的な責任」へと比重が移動したということになろう。しかし、逆のことも起こりうる。例えば、「介護目的税」というようなモノができたとしたら、「介護の保障」の「負担」について、「私的な責任」から「社会的な責任」へと比重が移動したということとなろう。ただし、「介護の保障」といっても、高齢者ばかりをみないことが大切である。なぜなら、「介護の保障」を一般的な意味でみることによって、現実の「介護保険法」の位置づけが可能となるからである。

「介護の保障」の「給付」について [「私的な責任」と「社会的な責任」] で捉える

「介護が必要な状態」という事実があったとしても、そのことが自動的に、社会保障としての「介護の保障」に結び付くとは限らない。「介護の保障」についての制度は、あらかじめ線引きすることによって、「社会的な責任」として「給付」されるのか？否か？を示している。逆にいえば、制度を見れば、その制度が念頭に置いている「社会的な責任」というものが見えてくることになる。

「給付事由が第三者の行為によって生じた場合において、保険給付を行ったときは、その給付の価額の限度において、被保険者が第三者に対して有する損害賠償の請求権を取得する」（介護保険法21条）という規定に見ることができるように、「介護が必要な状態」という事実が「第三者の行為によって生じた場合」は「社会的な責任」としての「給付」はなされないことになっている。では、小さいときからの「介護が必要な状態」という事実についてはどのように位置づけているのであろうか。「介護保険法」は「この法律は、加齢に伴って生ずる心身の変化に起因する疾病等により要介護状態となり……」（1条）としているが、それの具体化は、第2号被保険者の場合に典型的なものとしてあらわれている。すなわち、第2号被保険者の場合には、「その要介護状態の原因である身体上又は精神上の障害が加齢に伴って生ずる心身の変化に起因する疾病であって政令で定めるもの……によって生じたものであるもの」（7条）としているのである。ただし、小さいときからの「介護が必要な状態」という事実については、「介護保険法」に類似した「障害者の日常生活及び社会生活を総合的に支援するための法律」（平17年法律123号）が存在している。とはいっても、両者が区分されていることも事実である。

「介護の保障」の[「負担」と「給付」]の関係を「責任のありよう」で捉える(まとめ)

　介護保険制度が創設されて15年以上が経過した。私たちは「介護の必要な状態」という「出来事」について、当たり前のように「介護の保障」を受けることができると考えているかもしれない。ところが、歴史的に見ると、「介護の必要な状態」という「出来事」は、以前からそのように位置づけされたものではなかった（当たり前か）。「介護の必要な状態」という「出来事」が現代のような姿に至る過程で大きな役割を果たしたモノが、「出来事」についての「責任のありよう」である。制度に引きつけていうなら、「介護の保障」における[「負担」と「給付」]との関係が、どのような「責任のありよう」で姿を現しているのかが、制度の特徴のひとつを形作っている。

　社会保障としてなされている「介護の保障」においては、[「負担」と「給付」]との関係は、介護保険法が「……国民の共同連帯の理念」（1条）としているように、良し悪しは別として、具体的な場面でも[「負担」と「給付」]の関係のありようは明瞭である。その構造は、ある意味で「医療の保障」と類似している。すなわち、[「負担」と「給付」]との関係は、ある意味で切断されており、そこだけを見れば「社会的な責任」という色彩が濃いものとなっている。ただし、制度の実際をみるなら、[「負担」と「給付」]は複雑なありようを呈している。まず挙げられるのは、「指定事業者」の不足から生じる、いくら「負担」していても「給付」がなされないことがあるという現実である。さらに、「介護給付の種類」（40条）が、すべて、「……費の支給」となっていることが挙げられる。つまり、サービスを購入（支出）した場合に「費用が償還」されるとなっており、事業者がなく、購入（支出）できない場合には、「給付」はなされないという結論が待ちうけているのである。

[「私的な責任」と「社会的な責任」] という枠組みで [最低生活の保障] を捉える

テーマの設定

現代日本で [最低生活の保障] を担っているのは、主に「生活保護制度」である。社会保険が「防貧」の制度とされるのに対して、公的扶助は「救貧」の制度といわれる。公的扶助が今日のような位置付けをされる以前は、公的扶助の位置付けも異なるものであった。明治期の「恤救規則」は、「濟貧恤窮ハ人民相互ノ情誼ニ因テ其方法ヲ設ヘキ筈ニ候得共目下難差置無告ノ窮民ハ自今各地ノ遠近ニヨリ五十日以内ノ分左ノ規則ニ照シ取計置委曲内務省ヘ可伺出此旨相達候事」としていた。ここからわかることは、「極めて貧しい状態」にあるという「出来事」が、かつては「私的な責任」との関係で位置付けされていたということである。はたして、「極めて貧しい状態」にあるという「出来事」は、「私的な責任」との関係で位置付けされるものであろうか？それとも、「社会的な責任」との関係で位置づけされるものであろうか？

この章でフォローすることの道筋
I　目　的
II　「最低生活の保障」の「必要性の発生」について [「私的な責任」と「社会的な責任」] で捉える
III　「最低生活の保障」の「負担」について [「私的な責任」と「社会的な責任」] で捉える
IV　「最低生活の保障」の「給付」について [「私的な責任」と「社会的な責任」] で捉える
V　「最低生活の保障」の [「負担」と「給付」] の関係を「責任のありよう」で捉える（まとめ）

目的――[「私的な責任」と「社会的な責任」]という枠組みで[最低生活の保障]を捉えること

「病気」や「要介護状態」なら仕方がないけど、「極めて貧しい状態」に陥ったのは本人の責任だ‼と考えるべきであろうか。いや、そうではない、「極めて貧しい状態」というものも、「病気」と同じように本人の責任として考えるべきではない‼のであろうか。

実際の対応がどうであるかは、いろいろあるとしても、「極めて貧しい状態」についての制度的対応は「私的な責任」から「社会的な責任」へと徐々に変化してきている。とはいっても、現代社会においても、「自分はこんなに頑張っているのに、あの人たちは怠けている」なんて感覚に陥ってしまうこともないわけではない。そのような感覚に陥ってしまえば、国が「最低生活の保障」を行うのはおかしい‼というような考え方が出てくることになる。人によっては、国が「最低生活の保障」を行うことには反対しないが、「私は私、あの人たちはあの人たち」ということもあるかもしれない。さらには、「たまたま、今の私は貧困な状態にはないけど、いつどうなるかわからない」、「立場は容易に入れ替わるものだ」というように考えている人もあるかもしれない。ここで重要なことは、(私も含めて)人々の位置を固定しないことである。

先述したように、現代の日本においてさえ様々な考え方が可能なように、時代や地域をずらしてみると、さらに多様な考え方が存在しており、それらの様々な考え方を反映した結果、具体的な対応も様々である。そのような[最低生活の保障]というものについて[「私的な責任」と「社会的な責任」]という枠組みで捉えることが、ここでの目的となる。

「最低生活の保障」の「必要性の発生」について [「私的な責任」と「社会的な責任」] で捉える

　小さいときに読んだ「アリとキリギリス」の物語。今でも、子どもたちは読んで（読まされて）いるのであろうか？結構かわいそうな話で、残酷な面もある。物語にはいろいろな改変もあるらしい。バリエーションの豊富な「アリとキリギリス」であるが、中でも、転末のありようのバリエーションは人々の気持ちを複雑にさせる。ひとつはよくあるもので、「夏に遊び呆けていたキリギリスが冬に凍えて死んでしまう」というものである。教訓は「日ごろから……」ということになる。もう一つは、冬になって困っているキリギリスに、アリが「夏に楽器を弾いていたんだから、冬は寒いところで踊っていたら？どう……」という言葉を投げかけるもので、教訓は「セッセ、セッセと働いて貯め込んで、困っているキリギリスと連帯しない、社会貢献しない、アリに対して……」ということになる（アリは意地悪な努力家？）。

　さて、ここでようやく本題に入ろう。皆さんはどちらの話が好きですか？「どちらも厭！！」ということになるかもしれない（皆さんはきれいな心を持っている）。ここで問題となっているのは、「現在の状態としての貧困」というものについて、「その発生原因」をどのようなものとしてみるかである。そして、そのこととの関係で、「対応」がどのようになるのか？も変わってくることとなる。

　現代日本における「最低生活の保障が必要な状態」=「極めて貧困である状態」に関しての制度や意識は、外から「アリとキリギリス」を見て「キリギリスはだめだ」となるのであろうか？それとも「キリギリスに対してのアリの対応」を見て「蓄財をして手助けをしないアリはひどい」となるのであろうか？連帯できないの？

「最低生活の保障」の「負担」について ［「私的な責任」と「社会的な責任」］で捉える

　現代日本の生活保護制度についての費用は全額「税」で賄われている。そのことから、「生活保護の世帯の人は、税金を払わずに、私たちが払った税金で生活している」というような発言が出てくることもある。ここで問われなければならないことは、「税の負担」というものが、永遠に固定的な人々によってなされているのか？ということである。さらには、「税を負担している人々」は、「税」による諸行政の世話になっていないのか？というようなことも問われる。

　現代日本の社会保障は、国民皆保険・国民皆年金を基盤としている。これは現実である。その現実を前提にした場合、「最低生活の保障」の「負担」はどのようなものとして位置づけされるのであろうか。「社会保険」と「公的扶助」が、それぞれ部分的な状態でしかなかった戦前であれば、部分的な「社会保険」と「公的扶助」は、その部分的な「社会保険」と「公的扶助」の中のみで、自己完結的なものとして位置づけすることも可能である。「健康保険法」と「救護法」が存在していた昭和初期の状態を想定すれば、「私たちは健康保険の保険料を負担しているので、健康保険の給付を受けることができる」という発言になり、「一部の極めて貧困な人々は救護法の給付を受ける」という具合になる。しかし、国民皆保険・国民皆年金を基盤とする時代になると、ある人々にとっては、たまたま「ABC社会保険に加入している」ということになり、そのような「保険料や保険税が負担できない状態にある人々」が、たまたま「公的扶助の給付を受ける人々」となる。そうなると、「税の負担」というものが、将来的にも、固定的な人々によってなされているのか？ということ自体も相対化されることになる。

「最低生活の保障」の「給付」について [「私的な責任」と「社会的な責任」] で捉える

　生活保護法の第4条第1項は「保護は、生活に困窮する者が、その利用し得る資産、能力その他あらゆるものを、その最低限度の生活の維持のために活用することを要件として行われる」としている。そして、第2項は「民法（明治二十九年法律第八十九号）に定める扶養義務者の扶養及び他の法律に定める扶助は、すべてこの法律による保護に優先して行われるものとする」としている。このことは、現代日本における「最低生活の保障」の「給付」がなされる場合は、ソレについては「社会的な責任」でなされるとしても、その前提として「私的な責任」による「自助努力」が求められるということを意味している。ここで避けられなければならないことは、[「私的な責任」か「社会的な責任」か] という二項対立的な思考である。大切なことは、保護を受給しているからといって、その人の「最低生活の保障」が、すべてにわたって「社会的な責任」によるものとなっていないことを理解することである。実際には、その人の「最低生活の保障」が、すべてにわたって「社会的な責任」によるものとなっている場合もあるかもしれないが、制度は、その前提として「私的な責任」による「自助努力」を求めており、「最低生活基準に満たない部分を給付する」という形で、「私的な責任」と「社会的な責任」は制度の中でミックスされているのである。したがって、「最低生活の保障」の「給付」についての [「私的な責任」と「社会的な責任」] の関係は、社会保険の医療にみられる「保険がきく／保険がきかない」ということの位置付けや、所得が一定の額を超えたので「年金を停止する」ということについての「給付」の位置付けと大差がないものといえる。

「最低生活の保障」の[「負担」と「給付」]の関係を「責任のありよう」で捉える(まとめ)

　生活保護によって「最低生活の保障」のための「給付」を受けている人々は、「最低生活の保障」のための「負担」をしていない人々であろうか。

　消費税を巡る議論は、常にこのことを私たちに問いかけることとなる。そして、生活保護によって「最低生活の保障」のための「給付」を受けている人々は、過去にさかのぼって「負担」してこなかった人々ばかりであろうか、ということも問われなければならない。さらに問われなければならないことは、生活保護によって「最低生活の保障」のための「給付」を受けている人々が、将来にわたっても、常に「固定されている」のか？ということについてである。

　現代日本の状況（平成24年）からいえば、保護の開始の理由で最も多いのが、「貯金等の減少・喪失」によるものであり、次いで「世帯主の傷病」となっている。このことが意味していることは、現に「保護の給付」を受けている人々の多くは、「税」を負担していた人々であるということである。すなわち、静態的に見るなら、「最低生活の保障」のための「給付」を受けている人々の多くは、「最低生活の保障」のための「税負担」をしていない人々が多い。制度に則していうなら、所得の状態等から「税負担」をしなくてよいとされた人々が、「最低生活の保障」のための「給付」を必要とする人々なのである。

　このことをまとめていうなら、A「ある時点での経済な状態」が、B①「最低生活の保障」のための「給付」を必要とする状態であり、②同時に、「税負担」をしなくてよいとされた状態なのである。そして、人々の「そのような状態」は固定されたものではなく、常に変動するものなのである。

「責任のありよう」についての補足テーマ——練習

少子化についての「責任」のありよう——議事録から見る（①戦前・戦時下）

　少子化についての「責任のありよう」を見ることができる典型的なものから紹介しておこう。「優良ナル所ノ結婚ヲ大イニ奬勵シ、斯クアラシムル爲ニ何等カ表彰ヲシテハ如何デアルカ、國家ニ於テ、或ハ地方自治體ニ於テ、近代ハ先程申上ゲマスル如ク、生活難ヨリ致シマシテ婚期ガ後レテ参ル、謂ワレナクシテ獨身デ長ク生活ヲスル者モ數々アル……眞ニ日本國民大使命ノ達成ト結婚、人口増殖ト云フコトハ如何ニ重大ナル問題デアルカト云フコト、又青年男女ニ對シマシテ結婚ノ知識ト之ガ準備トニ付キマシテ、一段ノ教育ヲ進メル」（男爵浅田良逸）がそれにあたる（官報號外第73回帝國議会貴族院議事速記録第5號國務大臣ノ演説ニ關スル件・昭13年1月28日・79ページ）。その後顕著になるのは、「人口増殖」という使命達成の鍵を握るものと位置づけされた「結婚」・「子供」・「家族」等のありようについての発言が繰り返されるようになったということである。典型的なものは、「結婚観ノ舊體制ヲ是正シテ、是非新シイ結婚観ヲ樹立スル必要ガアルト思フノデアリマス、即チ結婚ハ決シテ個人ノ私事デハナイ、民族興隆ノ基礎デアル、兩親ヤ周圍ノ指導ノ下ニ、若キ二人ガ互ヒニ助ケ合ツテ堅實ナ家ヲ建設シ、サウシテ世界無比ノ團體ニ淵源スル立派ナ日本民族ノ血液ヲ永遠ニ生々發展セシムルト云フヤウナ使命ヲ感ジナガラ澤山ノ子供ヲ産ミ、丈夫ニ育テ、教育シテ、國家の御奉公ニ役立タシムルト云フ信念ヲ確立スル、サウ云フ氣風ヲ作ツテ行カナケレバ今日ノ大東亞戰争ノ後ニ來ルベキ大東亞ノ經營ニ當ツテノ日本民族ノ發展ト云フモノガアリ得ナイト思フ、随テ性慾ト云フヤウナモノヲ國家ニ捧ゲル、結婚ハ個人ノ私事デハナクシテ、國家興隆ノ基礎

デアルト云フ結婚観ヲ確立致シマシテ、性生活ノ厳正化ヲ強調スル所ノ社會環境ヲ速カニ確立スルコトが必要デアル」(羽田委員) というようなものである (第79回帝國議会衆議院國民體力法中改正法律案他四件委員會議録 (速記) 第3回・昭和17年1月27日・25ページ)。

少子化についての「責任」のありよう──議事録から見る (②戦後)

現代日本での家族についての発言には、「やはり日本民族の永続というところから、夫婦と子供、そういった家族の原型、原則型を法制度の中に書いていることに合理性があると思っております」(稲田委員) (稲田委員発言 [[013／013] 173－衆－予算委員会－4号平成21年11月05日 (国会会議録検索システム 2014.9.15) というようなものや、「私は、初当選のころから、しっかりとした国家観と地に足の付いた生活観を併せ持って課題解決を図ることを旨とし、命の重み、家族の絆、国家の尊厳を守る政治を志してきました。政治の要諦は、民族の生存可能性を高めるために確かな判断を重ねていくことだと心得ます」(有村治子) という発言もみることができる (有村治子発言 [004／005] 177－参－本会議－3号平成23年01月28日 (国会会議録検索システム 2014.9.23)。そして、「婚姻」については「結婚、妊娠、出産、育児、そして教育というふうに、それぞれの場面で、今さまざまな壁がございます。結婚で申し上げますと、全ての年代で未婚率が増加しておりますので、まず結婚をしていただく。それから、妊娠をしていただくところでも、やはり高齢出産が進んでおりますので、そういったものの、母体の教育でございますとか、それから不妊治療でございますとか、さまざまな施策をそれぞれのステージに合わせて切れ目なく行っていくということが大事です」(森国務大臣・当時) というようなものも挙げることができる ([023／030] 183－衆－内閣委員会－3号平成25年03月15日 (国会会議録検索システム 2014.7.25)。戦前・戦時と似ているかな？

第4部

[「任意」と「強制」]
―「意思のありよう」という枠組みで捉える―

第 4 部の全体像

　第 4 部では、「意思のありよう」という枠組みで、「社会保障の法現象」を捉え、さらに、それとの関係で描くことができる「社会保障法」について捉えることになる。まずは、幾つかの「発題」から。

　あなたが日本への留学生だったとしよう。あなたは、「医療保険」と「年金（保険）」について悩んでいる。制度の説明書には、「市町村又は特別区……の区域内に住所を有する者は、当該市町村が行う国民健康保険の被保険者とする」（国保法）となっており、「日本国内に住所を有する二十歳以上六十歳未満の者は……」（国年法）となっている。ここであなたを悩ませているのは、「医療保険」には「入りたい」けど、「年金（保険）」には「入りたくない」ということについてである。「任意なのか、強制なのか」があなたを悩ませているのである。

　あなたが「要介護状態の高齢者」だったとしよう。そんなあなたが「社会保障費が 100 兆円超」というニュースを見てしまった。介護サービスを受けるためには、「要介護認定」を受けなければならない。すなわち、「要介護状態」にあるかどうかを判定してもらわなければならないわけだが、そのためには、「申請」しなければならない。「強制ではないらしいから……、みんなに迷惑をかけるから」やめようか。

　話を変えよう。気の毒なことに、あなたは「強烈な感染症」に罹患してしまった。そんなあなたが「国民医療費が 40 兆円超」というニュースを見てしまった。「もし、自由にしていいのだったら、費用の点でみんなに迷惑をかけるからやめよう」と思っている。それとも、「強制入院？させられるのかな」とも思っている。

　何となくの想像でも構わない。ひょっとして、皆さんは、①「要介護状態の高齢者」と、②「強烈な感染症に罹患」ということを切り分けて、①については「任意」であるが、②については「強制」なんて思ったかもしれない。あるいは、逆に思ったかもしれない。それでいいのだが、大切なことは、「皆さんなりのある結論」を出す場合、ある「出来

事」については「任意」であるが、ほかの「出来事」については「強制」と思った、という具合に切り分けたことに気づくことである。『この本』が大切にしているのは、「答えそのもの」ではなく、「何らかの基準」で、逆の結論が出てしまうことに気づくことである。

(図) 「意思のありよう」の軸

実際の世論や風潮、さらには、現実の制度との関係で、あなたの選んだ答えは少数派かもしれないが、大切なのは「意思のありよう」という枠組みを設定し、実際の制度を［「任意」と「強制」］というような対立軸の上に乗せることができれば、「社会保障の法現象」の位置を捉えることができるということに気づくことである。私たちの日常は、「何らかの対応をしなければならないこと」で満ち溢れている。そのような出来事のうちで、ある事柄についてはあなた自身の意思で自由に対応できるとされているし、「猛烈な感染症」に罹患した場合のように、たとえ「自分で対応します」と考えたとしても、「国が対応します」となってしまうこともある。

第4部の具体的な構成
第1章　［「任意」と「強制」］という枠組みの設定と「社会保障法」
第2章　［「任意」と「強制」］の枠組みで［医療の保障］を捉える
第3章　［「任意」と「強制」］の枠組みで［所得の保障］を捉える
第4章　［「任意」と「強制」］の枠組みで［介護の保障］を捉える
第5章　［「任意」と「強制」］の枠組みで［最低生活の保障］を捉える

[「任意」と「強制」] という枠組みの設定と「社会保障法」

テーマの設定

まずは、民間保険については「入る」、「入らない」という具合に選択できることに注目してほしい。しかし、社会保障としての医療保険や年金（保険）等については、皆さん方は「入る」、「入らない」という選択権を持っていない（ことが多い）。この事実は重要だ。

基本にあるのは、「ある出来事」が発生したとして、「それに対応すること」が、「関係する人々」の「任意」に任されるか？否か？ということである。ポイントとなるのは①「関係する人々」の範囲が狭くなったり、広がったりすることである。②もう一つは、「ある出来事」を事後ではなく事前に予測し、あらかじめ制度を作っておくことが考えだされたということである。社会保障という制度は、この①と②の組み合わせでもある。制度が念頭に置いていることは、「現代社会で生活している限り、誰にでも遭遇する可能性のある一定の出来事がある」と前提し、「できる限りみんなで対応しよう」＝「強制性を基盤に実効性を確保する」としていることである。

この章でフォローすることの道筋
I 　[「任意」と「強制」] という枠組みの設定
II 　「必要性のあること」を巡る [「任意」と「強制」]
　　——意思のありよう
III 　「給付」を巡る [「任意」と「強制」]——意思のありよう
IV 　「負担」を巡る [「任意」と「強制」]——意思のありよう
V 　[「負担」と「給付」] の関係を巡る [「任意」と「強制」]
　　——意思のありよう

[「任意」と「強制」] という枠組みの設定

まず「傷病」という「出来事」について考えることから入ってみよう。読者のみなさんは、「傷病」ということについて、生じた後のことを想像して、「保険」に入っているかもしれない。なかには「保険の給付」を受けたことがある方もいるだろう。この場合の「保険の給付」というものには、①市民法上の契約によるもの（＝民間保険）と、②社会保険によるものとがあることには注意してほしい。ここまではいいとして、前者と後者とではどのような違いがあるのだろうか。前者は、「入っても、入らなくてもいい」というような「任意性」や「自由」を基本としている。それに対して、後者は「強制性」を基本としている。ここまでも大丈夫。では、社会保険制度は、どのようにして「強制性」を具体化しているのであろうか？

まず、具体的なモノを捉えるための枠組みを設定しておこう。ここでは、「意思のありよう」という枠組みを設定することになる。一本の軸を設定して、左の極には、「意思」ということについて「近代市民法」を代弁するようなモノ＝「任意」＝を置く。そして、右の極には、「意思」ということについて「社会保障法」を代弁するようなモノ＝「強制」＝を置く。その上に現実の制度を置くこととなるが、置かれる場所は、あくまで、「意思」ということが制度にどのような形で表れているのかをみての結果である。[「任意」と「強制」]のどちらがよいか？ということではなく、位置づけされる対象物がどのようなモノであるかを表現することになる。

現実を見ると、「社会保険だから、すべて右によっている」ということにはなっていない。「医療保険」にも「年金（保険）」にも「任意」の部分が存在している。そして、それらは、軸の上で常に揺れ動いているのである。

「必要性のあること」を巡る［「任意」と「強制」］
──意思のありよう

　「傷病」という「出来事」が発生したとして、それが、自動的に「必要性のあること」であるとされて、病院に行くことを「強制」されるか？と問いかけられたら、何と答えたらよいのであろうか。皆さんは「傷病の具合次第だ」と答えるだろう。そのように答えた皆さんたちの頭の中には、「必要性のあること」であっても、ソレが「社会的」な意味をもって「必要性のあること」とされているものと、「私的」なレベルにとどまっている「必要性のあること」があるのであろう。大雑把にいえば、健康保険制度ができる以前の「傷病」というものは、「傷病」となった本人や家族、そして、たまには、職域や地域の共同体などがそれに対応するものとされていたのである。

　国や地域の状況によって契機は異なるが、「傷病」についての制度化にあたっての契機としてあげられるのは、流行病の蔓延や労働者の健康（労働力）の確保問題である。

　ここにあるのは、事実上「任意」にまかされていたが故に「問題」として社会に表出していないこと＝そもそも、「任意」であることとしてさえ気づかれなかったこと＝が、何らかの事情で「強制的にでも対応すべき出来事」として意識されるということである。従って、「出来事」に対しての「強制」的対応が明確な形で姿を現した時点で、そのこととの関係で「任意」の対応も明確に姿を現すことになる。ここに至って、「必要性のあること」は、［「任意」と「強制」］という「意思のありよう」の枠組みで捉えることができるようになるのである。

　歴史的に見れば、このようなことは「傷病」に限らず、「貧困」や「しょうがい」についても見てとれる。

「給付」を巡る[「任意」と「強制」]——意思のありよう

「生活保護法」は第7条で「保護は、要保護者、その扶養義務者又はその他の同居の親族の申請に基いて開始するものとする。但し、要保護者が急迫した状況にあるときは、保護の申請がなくても、必要な保護を行うことができる」としている。これは保護の原則の1つで「申請保護の原則」といわれるものである。面倒なのは、「但し」以下が存在していることである。さらに、25条は「保護の実施機関は、要保護者が急迫した状況にあるときは、すみやかに、職権をもつて保護の種類、程度及び方法を決定し、保護を開始しなければならない」としている。総合してみると、申請するか否かは原則として「任意」に任せるとしつつも、「任意でないこともありうる」というものが見えてくる。背景にあるのは、「給付」を受けるか否かを本人たちの「任意」に任せていては、本人たちのためにはならないという考え方である。このような考え方は、健保法制定の際に典型的に見ることができる。具体例をあげれば、「……是等ハ不断カラ斯様ナ場合ニ備ヘル為ニ、他日ノ計ヲ考慮セシメテ置ケバ宜シイト云ヤウナ譯デアリマスケレドモ、彼等ノ知識道徳ノ程度ガ低イ事デゴザイマスシ、為ニ遠キヲ慮ッテ将来ノ計ヲ為スト云フ念慮ニ乏シイノデゴザイマス……(中略)サレバ強制ノ手段ニ依ッテ彼等ガ平素取得イタシマス所ノ収入ノ一部分ヲ割イテ、之ヲ貯蓄シ以テ將來生計ノ基礎ヲ鞏固ニセシムルト云フコトハ、人道上カラ申シマシテモ亦經濟上カラ申シマシテモ、共ニ必要缺クベカラサル事デアラウト思フノデアリマス……」(第45回帝国議会貴族院『健康保険法案特別委員会議事速記録』第1号・大正11年3月20日・1ページ)ということになる。ここにあった考え方は「労働者の任意性に任せていては上手く対応できない」ので「強制的に行う」という典型的なものである。

「負担」を巡る［「任意」と「強制」］——意思のありよう

　「私は病気にかからない」し、「もし、そうなっても、自分で払う」から、「社会保険料は負担したくない」という主張は、「社会的」な制度が求めている「負担」について、「任意性」を主張するものである。現代日本でそのような主張が認められるか否かは別として、一つの主張である。実際、介護保険制度の創設に当たっては、地域の高齢者から似たような意見があった。

　好き嫌いは別として、実際の社会保障制度を特徴づけているのは「強制性」である。歴史的に見てもこれは明らかである。「負担」を「任意」にまかせていたら、社会保障として成り立たなくなることから「強制性」は導かれるものである。

　そのような「強制性」を支えているものの一つが、「共有されたリスク」という考え方である。そうすると、「Aさんの負担」の位置は、「Aさん」のリスクに対応するものにとどまらず、「Aさん以外の人」のリスクに対応するものという具合になる。「保険料」に限らず「税」の「負担」も同様に位置づけすることが可能である。「傷病」との関係でいうなら、きっかけの一つとして挙げられるものは、「流行病」の蔓延に対応する「公費」ということになる。

　これらの「共有されたリスク」の基礎をなしているものは、「傷病」や「要介護状態」というものが、「誰にでも発生しうるリスク」であるという位置付けである。「一部の人々に限られたリスク」であるというようになってしまうと、「負担」の「強制」は困難なものとなることから、新しい制度を創設し「負担」を「強制」するに当たっては、「負担」を強いられる個々人の意識において、「ある事柄」が「（自分を含めた）誰にでも発生しうるリスク」であるというように位置づけされることが必要となる。

4・1　［「任意」と「強制」］という枠組みの設定と「社会保障法」

[「負担」と「給付」]の関係を巡る [「任意」と「強制」]——意思のありよう

　[「負担」と「給付」]の関係を、[「任意」と「強制」]で組み合わせると、以下の四つの組み合わせが出来上がる。それらは、①「負担」は「強制」で「給付（受給）」も「強制」、②「負担」は「強制」で「給付（受給）」は「任意」、③「負担」は「任意」で「給付（受給）」は「強制」、④「負担」は「任意」で「給付（受給）」も「任意」ということになる。現実の社会保障の制度について、皆さんは、どのパターンが多いと思うだろう。現代日本でいえば、傾向としていえるのは、答えは、①ではなくて、②に近い状態ということができよう。④に当たるのは民間保険のような場合であるが、しかし、国民年金の第1号被保険者についての「付加年金」（43条以下）があることも見落とすことができない。そして、公衆衛生的性格を有するものについては①のような面も否定できない。

　年金（保険）の制度を見てわかるように、Aさんの「負担」とAさんの「給付（受給）」との関係は、（個人的な感覚は別として）制度的には、直接的に結合しているとはいえない。国民年金法が「老齢基礎年金は、保険料納付済期間又は保険料免除期間……を有する者が六十五歳に達したときに、その者に支給する。ただし、その者の保険料納付済期間と保険料免除期間とを合算した期間が二十五年に満たないときは、この限りでない」（26条）としていることは、一見すると［Aさんの「負担」とAさんの「給付（受給）」とを結合させている］ものとも見えるが、これは［Aさんの「給付（受給）」のための条件として、Aさんの「負担」を位置づけている］のであって、「負担」したから貰えるという構造ではない。逆に言うと、「遺族年金」のように「負担」と「給付（受給）」を接合させていないものもある。

[「任意」と「強制」] の枠組みで [医療の保障] を捉える

テーマの設定

おおざっぱにいえば、[医療の保障] とは、「傷病」という「出来事」に社会的に対応するというものである。これを「意思のありよう」という観点から見れば、「傷病」という「出来事」に「社会的な意思」で対応するということである。この場合、「社会的な意思」だから「強制」という風に単純に考えないことが大切である。具体的な制度としてあらわれる「社会的な意思」自体が [「任意」と「強制」] の間で揺れ動くことになるのである。

歴史的経緯を見るなら、「任意」によって対応される「傷病＝出来事」は限定的になったかのようにみえる。「国民皆保険」という点では、確かに、医療保険については「強制加入」となっている。しかし、病気になったからといって、すべてにおいて「受療」を「強制」されるわけでもない。

この章でフォローすることの道筋
I　目　的
II　「医療の保障」の「必要性の発生」について [「任意」と「強制」] の枠組みで捉える
III　「医療の保障」の「負担」について [「任意」と「強制」] の枠組みで捉える
IV　「医療の保障」の「給付」について [「任意」と「強制」] の枠組みで捉える
V　「医療の保障」の [「負担」と「給付」] の関係を [「任意」と「強制」] の枠組みで捉える（まとめ）

目的――[「任意」と「強制」]の枠組みで[医療の保障]を捉えること

　現代日本では当たり前のように感じてしまう[医療の保障]であるが、これもなかなか深いテーマを内在させている。「ちょっとした擦り傷」の場合と「猛烈な感染症」を例にとってみると、ここで学ぶことの目的が浮かび上がってくる。

　実際の制度を見てみよう。療養の給付について健康保険法は「第一項の給付を受けようとする者は、厚生労働省令で定めるところにより、次に掲げる病院若しくは診療所又は薬局のうち、自己の選定するものから受けるものとする」(63条3項)としている。それに対して、感染症の予防及び感染症の患者に対する医療に関する法律(平成十年十月二日法律第百十四号)は、「都道府県知事は、一類感染症のまん延を防止するため必要があると認めるときは、当該感染症の患者に対し特定感染症指定医療機関若しくは第一種感染症指定医療機関に入院し、又はその保護者に対し当該患者を入院させるべきことを勧告することができる」とし、「都道府県知事は、第一項の規定による勧告を受けた者が当該勧告に従わないときは、当該勧告に係る患者を特定感染症指定医療機関又は第一種感染症指定医療機関(同項ただし書の規定による勧告に従わないときは、特定感染症指定医療機関若しくは第一種感染症指定医療機関以外の病院又は診療所であって当該都道府県知事が適当と認めるもの)に入院させることができる」(19条1項・3項)としている。

　「医療機関で受領すること」は、いったい、「本人の自由意思に任されたもの」なのか、それとも、「強制されたもの」なのか、ということを考えてみると、[医療の保障]を[「任意」と「強制」]の枠組みで捉えることがどのような意味をもっていることなのかが分かってくるだろう。

「医療の保障」の「必要性の発生」について［「任意」と「強制」］の枠組みで捉える

　現代日本において、私たちは、「傷病」というような状態について、ほぼ自動的に、「医療の保障」の「必要性の発生」していることと位置付けてしまうことが多い。そして、「医療の保障」の「必要性の発生」という事態が生じたとしても、受療するかどうかは「任意」であると考えがちである。とはいっても、［「傷病」であっても「医療の保障」の対象ではない］ということや、［「任意」ではなく「強制」です］というようなこともありそうである。このようなことは、私たちが、現代日本で生活している感覚から生じていることであって、もう少し広い視点で見ると異なる構造が見えてくる。

　思考方法を逆にしてみたらどうであろうか。①まず、「傷病」という事実が発生した。②「その傷病」に対応するということが、「傷病」の種類や部位、さらには、「傷病」に陥った人等の諸事情によって、「任意」か「強制」かという振り分けが行われる。③その後、費用という点で、「その傷病」に対応すべき人は誰かが決まる。このように考えると、社会との関係で、「発生した出来事」が有している意味が付与され、「強制入院」ということがありうるが、それだからと言って、すべてが「社会的な給付」の対象となるというわけではなく、負担能力があれば「本人負担」ということもありうる、というルートがみえてくる。実はこのルートがとても大切なものである。なぜなら、「傷病」という状態は「社会保障」が出来上がる前から存在していたものであり、それらの「傷病」の中には、誰が対応するのかという以前に、「いずれにしても、まずは対応しなければならない」という具合に、社会によって位置づけされるものがあるからである。

「医療の保障」の「負担」について [「任意」と「強制」] の枠組みで捉える

「私は病気にならない。なったとしても自分で何とかする。ということで、医療保険の保険料は払わない。」＝「任意」＝という発言は突飛なものであろうか。現代日本では突飛ということになるであろう。では、逆の突飛な事例＝「任意なモノを強制にしてほしい」はどうだろうか。このようなものはあまり思いつかない。なぜなら、社会保障法の考え方に「強制」が根強くあるからである。ところが、時代をさかのぼれば必ずしもそうではない。

1922年（大正11年）に健康保険法ができたころはどうであっただろうか。「強制被保険者」となる人々にとって、「強制被保険者」として保険料を「負担」させられるという法案は突飛なものではなかったであろうか。もう少し具体的に言えば、それまで医療保険が存在していなかった時に、制度ができることによって、「強制」になるという出来事は、多くの人々にとっては突飛なものであっただろう。前にも述べたが、「強制」することの理屈は法案についての説明から見てとれる。「……種々ノ誘惑ノ爲ニ誤ラレテ、容易ニ目的ヲ達スルト云フ事ハ甚ダ困難ナコトト思フノデアリマス、サレバ強制ノ手段ニ依テ彼等ガ平素取得イタシマス所ノ収入ノ一部分ヲ割イテ、之ヲ貯蓄シ以テ將来生計ノ基礎ヲ鞏固ニセシムルト云フコトハ、人道上カラ申シマシテモ、亦經濟上カラ申シマシテモ、共ニ必要缺クベカラザル事デアラウト思フノデアリマス……」（政府委員・四條隆英）［第45回帝國議會貴族院『健康保険法案特別委員會議事速記録第一號』大正11年3月20日1ページ］ということになる。現代日本で、このような説明を必要とするか？は疑問であるが、制度を創設するにあたっての一つの理屈なのである。

「医療の保障」の「給付」について [「任意」と「強制」] の枠組みで捉える

　現代日本の「医療の保障」は、社会保険を中軸に「国民皆保険」体制を作ることによって実施されている。その社会保険は、例えば、健康保険法に見ることができるように「第一項の給付を受けようとする者は、厚生労働省令で定めるところにより、次に掲げる病院若しくは診療所又は薬局のうち、自己の選定するものから受けるものとする」（63条3項）というような構造になっている。すなわち、現代日本の社会保障としての「医療の保障」の給付については、「もし、受けようとするなら」、「医療機関を選んで」というように、「任意」的な色彩が濃いということになっている。

　社会保険を中軸に「国民皆保険」体制を作ることによって実施されているといっても、それ以外の方式によるものもある。歴史を振り返れば、「流行病」については、社会保険によるもの以前に、「税」による制度が存在していた。その「流行病」に関する制度は、4・2・Iで触れたように、今日でも「強制」的に対応するという性格が濃いものである。では、生活保護による医療の給付＝医療扶助＝はどうであろうか。生活保護法は「保護は、要保護者、その扶養義務者又はその他の同居の親族の申請に基いて開始するものとする。但し、要保護者が急迫した状況にあるときは、保護の申請がなくても、必要な保護を行うことができる」（7条）というように、申請保護を原則としながらも、「保護の実施機関は、要保護者が急迫した状況にあるときは、すみやかに、職権をもつて保護の種類、程度及び方法を決定し、保護を開始しなければならない」（25条・職権による保護の開始及び変更）としている。ここにみられるものは、「任意」を原則としながらも、「任意」に任せておいては大変なことになることが想定される場合には、「強制」を出動させるというものである。

「医療の保障」の[「負担」と「給付」]の関係を[「任意」と「強制」]の枠組みで捉える(まとめ)

　気が付いた方も多いと思うが、現代日本の医療保障における[「負担」と「給付」]の関係は、接合されていない。「負担」したので「給付」されるということにはなっていないのである。基本にあるのは「給付」であり、それに必要な費用をどのように「負担」するかという構造になっているのである。その背景にあるのは、誰の傷病かに関わらず社会全体で対応しようという「連帯」ということになる。そうすると、必然的に「強制」が前面に出てくることになる。

　歴史的経緯を踏まえれば、基本的な構造は以下のようなものである。①まず生じたのは、「特定の人々の傷病」や「特定の疾患」への対応の必要性の認識である。これに当たるものは「労働力の保全」や「流行病対策」ということになる。「任意に任せられないこと」が認識されるわけであるから、結果的に「強制」が前面に出てくることになる。ということは、社会保険制度では、[「負担」と「給付」]の関係においても「強制」が前面に出てくることになる。②つづいて、「適用対象」や「給付内容」において拡大・普遍化が生じる。③そして、最終的には、社会保障における「国民皆保険」体制というモノが出来上がり、さらには、「税」による「医療扶助」もなされるようになる。これが「医療の保障」の今日の姿である。このような経緯を踏まえれば、「医療の保障」のベースにあるものは「強制」ということになりそうであるが、それは「必要があること」に対して社会で対応するための「負担」について色濃く表れているもので、「給付」についてはそれほどでもない。Aさんの「傷病」に対してAさんの「負担」が「強制」されるのではなく、社会的に必要性がある状態に対して、「連帯」をベースとした各自の「負担」が人々に「強制」されるという構造である。

[「任意」と「強制」] の枠組みで [所得の保障] を捉える

テーマの設定

　Aさんは「自分の老後に備えて貯金をしよう」と考えた（立派）。なぜ立派なのか。入った収入を全部使いたくなる欲望に打ち勝ち、将来のことを考えたから。ところが誰でもそのように考えるかと言われれば、「んーん」となってしまう。制度が創設される経緯を歴史的に見れば、「事業主ガ労働者ノ爲ニ法律ニ依ッテ義務ヲ負ウテ迄ヤルト云フ時ニ、労働者ト雖モ、自ラノ如何ニ賃金ガ少イト雖モ、矢張リ自分ノ將來ノ爲ニ積立ヲシテ、サウシテ事有ルベキ將來ニ應ズルト云フヤウニ、平素ヨリ心掛ケナケレバナラヌト云フ考ヘ方カラ、此ノ規定ヲ設ケマシタノデアリマシテ、ソコデ斯ウ云フコトニ致シマスト、ドウシテモ強制的ニ積立ヲサシテ行カナケレバナラヌ……」（政府委員・廣瀬久忠）（第69回帝國議會貴族院『退職積立金及退職手當法案特別委員會議事速記録第二號』昭和11年5月25日3ページ）という説明がなされている。

この章でフォローすることの道筋
Ⅰ　目　的
Ⅱ　「所得の保障」の「必要性の発生」について [「任意」と「強制」] の枠組みで捉える
Ⅲ　「所得の保障」の「負担」について [「任意」と「強制」] の枠組みで捉える
Ⅳ　「所得の保障」の「給付」について [「任意」と「強制」] の枠組みで捉える
Ⅴ　「所得の保障」の [「負担」と「給付」] の関係を [「任意」と「強制」] の枠組みで捉える（まとめ）

目的──[「任意」と「強制」] の枠組みで [所得の保障] を捉えること

前に見た [第 69 回帝國議會貴族院『退職積立金及退職手當法案特別委員會議事速記錄第二號』昭和 11 年 5 月 25 日 3 ページ] の議論は、今日の「年金」の前身（＝昭和 19 年の厚生年金保険法）の、さらに前身（＝昭和 16 年の労働者年金保険法）の、もうひとつ前のモノともいえるもので、「退職金」と「失業給付」の合わさったような制度についてのものである。

今日では「国民皆年金」体制が整い、全面的に「強制」の色彩が濃いものとなっているが、実は、平成 1 年の改正までは、大学生等については「任意」加入という状態であった。さらに、2015 年に施行される以前は、「任意脱退」（国民年金法 10 条）というように「任意」の部分は残っていた（平 24 年の法改正、施行 27 年）。

また、国民年金法は「第 1 号被保険者……は、厚生労働大臣に申し出て、その申出をした日の属する月以後の各月につき、前条第三項に定める額の保険料のほか、四百円の保険料を納付する者となることができる」（第 87 条の 2）として、通常の保険料に加えて、「任意」に 400 円を納付することができることとなっている。400 円以上の金額を納付することはできないものの、これは給付の額に反映されることから大きな意味を持っている。

保険料の「負担」は社会保険制度というものが有する総体としての価値を具体化する構成要素のひとつであるが、「社会保障の社会保険」としてなされていることも重要である。「皆で支える」ということを総合的に考えれば、①「負担」についての「任意」性の部分を狭くしつつも、②「負担」したか否かにかかわらず、結果としての「受給」に結び付くことを考慮しなければならない。

「所得の保障」の「必要性の発生」について ［「任意」と「強制」］の枠組みで捉える

　社会保障としての「所得の保障」は、現実には、各種の年金（保険）・共済の制度によって実施されている。制度は、「所得の保障」の「必要性」が生じる出来事を類型化して「老齢」・「障害」・「死亡」としていることが一般的である。「必要性の発生」について、［「任意」と「強制」］という側面から光を当てると、「老齢」VS「障害」・「死亡」ということになる。どういうことか。「老齢」になることには「意思」が働くことは（ほとんど？）ない。それに対して、「障害」・「死亡」という出来事には、「意思」の作用する可能性がある。そのようなことを考えれば、「故意に障害又はその直接の原因となった事故を生じさせた者の当該障害については、これを支給事由とする障害基礎年金は、支給しない」（69条）ということは理解できるであろう。また、「死亡」についての「遺族基礎年金、寡婦年金又は死亡一時金は、被保険者又は被保険者であつた者を故意に死亡させた者には、支給しない。」（71条1項）も理解できるであろう。

　「所得の保障」を必要とするような「失業」という状態はどうだろう。概念上、「失業」とは、①労働能力のあること、②就労意思があること、③それにもかかわらず、就労の機会がないこと、とされることが一般的である。単なる「就労していない状態」ではなく、何らかの給付に結合する可能性のある「失業」の認定ということであれば、（事実として）「就労していない本人」の「意思」がどのようなものとして位置づけされるかが、（制度としての）「失業」という状態の発生と深くかかわってくることになる。

　このように、社会保障としての「所得の保障」は、「必要性の発生」を社会との関係でとらえているのである。

「所得の保障」の「負担」について [「任意」と「強制」]の枠組みで捉える

　現代日本には「所得の保障」をする制度がある。この制度体系の中で「負担」の持っている意味はどのようなものであろうか。そのこととの関係で、[「任意」と「強制」]はその役割を発揮することとなる。①「被保険者」に「沢山納めること」や「少なく納めること」が任されていて、ソレが「給付額」に跳ね返ってくるという場合と、②「被保険者」が納める額は制度的に決まっており、「給付額」も決まっているという場合とでは、「所得の保障」の性格も変わってくる。実際の制度は、①と②の間で揺らぐことになる。

　では、実際の制度はどのような構造になっているのか。国民年金の第1号被保険者が基礎年金しか受給できないということを考慮して、国民年金法は「第1号被保険者……は、厚生労働　大臣に申し出て、その申出をした日の属する月以後の各月につき、前条第3項に定める額の保険料のほか、400円の保険料を納付する者となることができる」（第87条の2第1項）とし、「付加年金は、第87条の2第1項の規定による保険料に係る保険料納付済期間を有する者が老齢基礎年金の受給権を取得したときに、その者に支給する」（43条）としている。これは、先ほど述べた①に該当するものである。また、「次の各号のいずれかに該当する被保険者等から申請があつたときは、厚生労働大臣は、その指定する期間……に係る保険料につき、既に納付されたものを除き、これを納付することを要しないものとし、申請のあつた日以後、当該保険料に係る期間を第5条第3項に規定する保険料全額免除期間……に算入することができる」（90条）ともしている。この保険料全額免除期間を給付額の算出にどのように反映させるかという別の課題はあるものの、所得の状態などによって「負担」の額が制度的に定められていることから、先ほど述べた②に近いともいえる。

「所得の保障」の「給付」について [「任意」と「強制」]の枠組みで捉える

　年金の支給要件を満たしたからといって、年金が自動的に振り込まれるわけではない。「請求」という結構面倒な手続きを経て支給されることとなる。この請求手続き自体は強制されているものではない。面倒だからという理由で、手続きを怠ったという事実があったとしても、これは純粋な「任意」とはいえないだろう。意地悪な表現をすれば、「強制された？任意」のようなものである。

　では、もう少し「任意」らしいところにまで進んでみよう。年金の支給要件を満たしている人が、自分の意思で「受給しない」ということを選べるのであろうか。国民年金法は、その第20条の2で「年金給付……は、その受給権者の申出により、その全額の支給を停止する」として、受給権者の申出による支給停止を可能なものとしている。厚生年金保険法も同様に、第38条の2で「年金たる保険給付……は、その受給権者の申出により、その全額の支給を停止する」としている。これだと、自分のはっきりとした意思ということになってくる。

　このように見てくると、「給付」には、「負担」について見ることが出来るものとは異なる形で受給権者の意思が反映されることになっていることがわかる。社会的義務としての「負担」には、個々人の自由な意思は反映されにくいが、「給付」については反映されやすいこととなっている。このようなことは、①「(自分を含めた)給付を必要としている人々」に対しての「給付」のための「(社会的義務としての)負担」には、「強制」的性格が強いのに対して、②「給付を必要としている自分」の位置づけについては、「任意」的性格が強いことが生じているのである。想定してはいけないことかも知れないが、全員が受給を辞退したら、社会的にどういうことが生じるのであろうか。

「所得の保障」の［「負担」と「給付」］の関係を［「任意」と「強制」］の枠組みで捉える（まとめ）

　「所得の保障」の［「負担」と「給付」］の関係を［「任意」と「強制」］の枠組みで捉えるためには、①属人的なレベルで捉えることと、②制度全体の構造として捉えるという二つのレベルで捉えることが理解を容易なものとさせる。

　社会保障としての年金（保険）の制度は、受給権者の申出による支給停止を可能なものとしている。では、これはどうだろう。大金持ちの家の子供Ａさんは、将来「受給権者の申出による支給停止」をしてもらおうと考えている。ここまでは立派？？そのＡさんは、「受け取らないから、負担しない」とも考えている。Ａさんをそのような気持ちにさせたのは、知り合いのおじさんＢさんの経験があった。Ｂさんは長期間滞納するなどして、結果として年金がもらえなくなったのだ。Ａさんは「納めていなかったので貰えない」のなら、「貰わないから納めない」ということも成り立つと考えたわけである。ここまで読んで、皆さんは「なんか変だ」と感じただろうか。それとも、「私もそうだ」と感じただろうか。

　社会保障としての年金の制度は、①制度を実施するために「負担可能な（とされた）人々」によって「負担」がなされ、そのこととは独立して、②「給付」が必要とされる人々に「給付」されるというものである。そのような制度的構造を有するものであっても、Ａさん自身の意識の中には、「自分が負担した」ので「自分がもらえる」というものがあるかもしれない。このような気持ちのままで、「所得の保障」の［「負担」と「給付」］の関係を［「任意」と「強制」］の枠組みで捉えてしまうと、「自分についての受給の任意性」を「自分についての負担の任意性」と接合したくなってくる。

[「任意」と「強制」] の枠組みで [介護の保障] を捉える

テーマの設定

　介護保険が導入される少し前のことだが、地域を回ってみると、「私は寝たきりにならない」、「寝たきりになったとしても家族が面倒を見てくれる」、というような理由で介護保険に入りたくないという人は結構多かった。それが今となっては、制度創設当時の保険料の二倍でも間に合わないくらいの利用状況である。わずか15年で保険料が二倍になるとは保険の「商品」としてはいかがなモノかということにもなりそうである。それはさておき、「介護の保障」が必要となるのは、「要介護の状態」ということになるが、これも [[「要介護の状態」になる恐れがある状態] = 「予防で対応」] というところまで広がりを見せている。ここまで広がってくると、「介護の保障」とは、誰にでも必要性が生じる事柄となり、制度の維持のためには、「任意性」を排除して「強制性」が全面に出てくることとなる。

> #### この章でフォローすることの道筋
> I 目 的
> II 「介護の保障」の「必要性の発生」について [「任意」と「強制」] の枠組みで捉える
> III 「介護の保障」の「負担」について [「任意」と「強制」] の枠組みで捉える
> IV 「介護の保障」の「給付」について [「任意」と「強制」] の枠組みで捉える
> V 「介護の保障」の [「負担」と「給付」] の関係を [「任意」と「強制」] の枠組みで捉える（まとめ）

目的——[「任意」と「強制」]の枠組みで[介護の保障]を捉えること

「介護が必要になった状態」とはどのようなものなのだろう。ここで、どのようなものなのだろうと言ったのは、「心身がどのような状態になったことだろう」ということを問うたのではない。ここで問うていることは「意思」という枠組みで見た場合、どのようなものとして描かれることになるのか？ということである。もう少し具体的に言えば、[「任意」と「強制」]という枠組みで捉えた場合、「介護の必要性の発生」というものは、どのようなものとして描かれることになるのか？そして、「負担」や「給付」については、どのようなものとして描かれることになるのか？ということが問われているのである。

そもそもからいえば、「要介護」という出来事については、「私的に対応すべきか」それとも「社会的に対応すべきか」ということは当初から決まっているわけではない。したがって、歴史的に見た場合も、人々の感覚としてみた場合も、それは一概ではない。その一概ではない[「要介護」という事実]が、何らかの拍子に制度的対応が必要なことに変容するのである。とはいっても、[「誰が」、「どのように」対応するような制度]とするのかは、これまた一概ではない。その「一概ではない」のありようが、例えば、「意思」については、「任意加入にしようか」、「何歳以上を強制加入にしようか」という具合に具体化することとなる。その具体化を左右するものが、[「要介護」という事実]についての、そもそもの位置付けということになる。「必要と考える人だけの制度でよい」というものもあれば、「全員強制加入が必要である」というものもある。そのようなことから、ここでは、[「任意」と「強制」]の枠組みで[介護の保障]を捉えることにする。

「介護の保障」の「必要性の発生」について [「任意」と「強制」] の枠組みで捉える

　介護保険法は「市町村は、自己の故意の犯罪行為若しくは重大な過失により……要介護状態等若しくはその原因となった事故を生じさせ、又は要介護状態等の程度を増進させた被保険者の当該要介護状態等については、これを支給事由とする介護給付等は、その全部又は一部を行わないことができる」としている（第64条）。これはどのようなことを意味しているのであろうか。「わざと要介護になったら給付されないこともある。簡単なことではないか。」というように考えた読者もいるだろう。あまりハズレではないので、次に進もう。では、そのこととの関係で「要介護認定を受けようとする被保険者は、厚生労働省令で定めるところにより、申請書に被保険者証を添付して市町村に申請をしなければならない」（第27条）はどうだろう。「？？？関係あるの？？？」となるかもしれない。が、実はここには「介護の保障」の「必要性の発生」について [「任意」と「強制」] ということが潜んでいる。

　どういうことか？ここにあるのは、「本人の自由な意思によってそのような状態になった場合は認められない」が、しかし、「わざと要介護になった場合でない」としても、給付としての介護などを受けようと希望するものは、「本人の意思」で＝「任意」で＝そのような状態にあることを認めてもらうための申請をして、「認定」を受けなければならないという構造である。

　「介護の保障」の「必要性の発生」に関して、順序立てて言えば、「そもそもの時点」＝「要介護の状態となった」ということの時点＝については、「任意性」は排除されており、「必要性が発生していること」を認めてもらう場合には、申請するか否かは自由なので、「強制性」が排除されている、ということになる。

「介護の保障」の「負担」について [「任意」と「強制」]の枠組みで捉える

　ある日、市役所で、納付書と督促状を手にした男が「ワシは負担せんぞ。絶対に納付しません」と怒鳴っていた。納付書と督促状を持っているということは、特別徴収ではない（＝年金の額が一定以下なので普通徴収）ということである。厳密に言えば、65歳に達した直後で、まだ勤めている方など、実際はもう少し複雑なことが生じる。それはさておき、係の方は「みんなで支え合っているのですから」だとか、「一定期間すぎると給付を受けられなくなるかもしれませんよ」だとか、理解を得ようとしているのか、脅しているのか。最後には、「その気持わかります。私の母も……」なんて口走っている。

　怒鳴っていた男は、「負担するか、否かは本人が決めるべき事柄である」という風に思っており、本当にそう思っているか、或いはイヤイヤ説明しているかは別として、係の方が言っていることは、みんなで支えるためには「強制的に徴収する」ことになる、という理屈に支えられたものである。①「介護の保障」が必要になるということが、珍しいことで、「たいていの人はその前に死んでしまう」という時代と、②多くの人が「介護の必要な状態」＝「他者による介在の必要性」を経験せざるを得ないという時代とでは、同じように見える「要介護状態」であっても異なる位置づけをされることになる。ここがポイントである。何がポイントかというと、各自の「意思」とはかけ離れて、「そのような状態というもの」が「位置づけされ」、「みなされる」ということが始まるわけである。そのことの結果として、介護に要する費用についても、基本となっているものは「個々人の負担」ではあるものの、その「個々人の負担」というシステムについては、個々人の「意思」が反映させられることが局限されることとなる。

「介護の保障」の「給付」について [「任意」と「強制」]の枠組みで捉える

　賛成かどうかは別として、「みんなで支える」ということについては理解した。「介護の給付は拒否できるか」についてはどうであろうか。もう少し抽象化すれば、「介護の給付」と「意思」との関係はどうであろうか。実際に発生しそうな具体的な場面を想定してみよう。

　Aさんは「給付」を受けるための前段階である「認定」さえ受けていない。そのAさんにとっては「一割負担するほどの余裕がない」ということらしい。そうすれば、全くのタダ（＝一部負担金ナシ）であればこのようなこともないのかもしれない。たとえタダだとはいっても、「行政に介護してもらうのは恥だ」というように感じていることも考えられる。そのAさんに「あなたのような状態であれば、介護の給付を受けるのは義務です」といえるであろうか。

　実は「給付」についてのありようは、「負担」についてのありようとずいぶん異なっており、「任意」と「強制」の間でフラフラ揺らいでいる。［「任意」と「強制」］という二つの極を持った「意思軸」の上で、「給付」は、（今の時点では）「強制」というより、むしろ「任意」に近い所に位置している。では、そのような「介護についての給付」が、「強制」の方向にスライドすることなどあるのであろうか。可能性として考えられるのは、「介護についての給付」を拒否することが「社会的混乱」を引き起こすことを予測させるような社会情勢になった場合である。こうなると、個々人にとっての「介護についての給付」は、もはや、個々人にとっての「介護についての給付」ではなくなり、社会にとって不可欠な（公衆衛生的な）「防衛装置」となる。Aさん「本人」は孤立がすきなのに、地域の人々から見守りをされることは、どのように位置づけすべきであろうか。

「介護の保障」の［「負担」と「給付」］の関係を［「任意」と「強制」］の枠組みで捉える（まとめ）

　先ほどまで見たように、「介護の保障」に関しては、「負担」についていえば「強制性」が強く、「給付」については「任意性」が強いものといえよう。では、「介護の保障」を巡っては、［「任意」と「強制」］の枠組みで捉えれば、［「負担」と「給付」］の関係はどのようなものとして存在しているのであろうか。

　［「負担」と「給付」］の関係について、［「任意」と「強制」］の枠組みで捉えようとするなら、例えば、「横軸」に「負担」、そして、「縦軸」に「給付」という縦と横の軸を作り、左に行けば「任意性」が強く、上に行けば「任意性」が強いというような枠組みを設定することが役に立つ。制度や考え方が左上に位置すれば、「負担」と「給付」の両者で「任意性」が強く、右下に位置すれば、「負担」と「給付」の両者で「強制性」が強いということになる。そして、左下に位置すれば、「負担」については「任意性」が強いが、「給付」については「強制性」が強い、というような枠組みができる。

　では、日本の「介護の保障」に見られる、［「負担」については「強制性」が強く、「給付」については「任意性」が強い］というのはどこに位置するのであろうか。そう、右上ということになる。このような「強制性」と「任意性」の特色を有する「負担」と「給付」であるが、［「負担」と「給付」］の接合関係はどのようになっているのであろうか。組合わせでいえば、①「負担」したので「給付」を受けることができる、②「負担」していないので「給付」を受けることができない、③「負担」していても「給付」を受けることができない、④「負担」していない場合でも「給付」を受けることができる、の四通りということになるが、「負担」が強いられる側面が強いことから、実際に生じている現象は①と③が多く見られるということになる。

[「任意」と「強制」] という枠組みで [最低生活の保障] を捉える

テーマの設定

　生活保護法の2つの条文を見てほしい。一つは「保護は、要保護者、その扶養義務者又はその他の同居の親族の申請に基いて開始するものとする。但し、要保護者が急迫した状況にあるときは、保護の申請がなくても、必要な保護を行うことができる」（第7条）であり、もう一つは「保護の実施機関は、要保護者が急迫した状況にあるときは、すみやかに、職権をもつて保護の種類、程度及び方法を決定し、保護を開始しなければならない。」（第25条）である。注意すべきは、前者が、生活保護法の第2章の「保護の原則」に位置づけされていることである。とすれば、「申請」が前置されているから「任意」が全面的に出てくるということになりそうであるが、しかし、7条には「但し書き」があり、25条には「職権による保護」についても規定されている。これらのことをどのように整理すればよいのだろうか。

この章でフォローすることの道筋

Ⅰ　目　的
Ⅱ　「最低生活の保障」の「必要性の発生」について [「任意」と「強制」] の枠組みで捉える
Ⅲ　「最低生活の保障」の「負担」について [「任意」と「強制」] の枠組みで捉える
Ⅳ　「最低生活の保障」の「給付」について [「任意」と「強制」] の枠組みで捉える
Ⅴ　「最低生活の保障」の [「負担」と「給付」] の関係を [「任意」と「強制」] の枠組みで捉える（まとめ）

目的──[「任意」と「強制」」という枠組みで[最低生活の保障]を捉える]こと

　社会保障の給付の対象となるのは「最低生活基準以下の状態」である。何が「最低生活基準以下の状態」とされるかは、時代や地域などによって異なる。その意味で、「ある事柄」に対応する「ありよう」は様々である。

　ここでは「最低生活の保障」ということを取り扱うが、どの程度の状態が「最低生活の基準」であるのかも一様ではない。とはいっても、「意思」のありようということとの関係で「最低生活の保障」について捉えることは可能である。社会保障の法現象をとらえるためには、どの程度の状態が「最低生活の基準」なのかということよりも、むしろ、「法」としての独自性を[「意思」のありよう]によって描くことの方が大切なことである。

　「要保障の状態」になる原因についてみてみよう。わざと「高齢になる」ことは困難である。それに対して、わざと「病気」になったり、わざと「要介護の状態」になったりすることは、不可能ではない。では、「貧困な状態」はどうか。社会保障にとって、ここが難しいところである。言い換えれば、「給付」の対象となる「出来事」と「意思」との関係である。さらには、「年金（保険）」については、ある程度収入があるから「貰わない」ということはあり得ても、「極貧の状態」にある人が「貰わない」というのはどうであろうか。ここにも「最低生活の保障」の「給付」についての「意思」＝[「任意」か「強制」か]＝が関わっている。このように、実際の制度を細かく知らなくても、生活保護の「負担」や「給付」がどのような「ありよう」で存在しているかの位置付けは可能なのである。

「最低生活の保障」の「必要性の発生」について ［「任意」と「強制」］の枠組みで捉える

　医療の保障でいうなら、例えば、健康保険法は「被保険者又は被保険者であった者が、自己の故意の犯罪行為により、又は故意に給付事由を生じさせたときは、当該給付事由に係る保険給付は、行わない。」としている（116条）。すなわち、「必要性の発生」＝傷病の状態＝について、本人の「意思」は介在させない＝わざとの傷病は給付の対象とならない＝ということになっている。このことは、「給付」の対象となる「出来事」が、［誰も避けることのできない「社会的出来事」である］、という位置づけをされていることと関係している。

　では、「最低生活の保障」についてはどうであろうか。［わざとの貧困は給付の対象とならない］という規定を置いているのであろうか。昭和21年の（旧）「生活保護法」は、「素行不良な者」には保護を行わないとしていた（2条）。現行の制度にはこのような規定は存在しないので、制度上は「原因を問わない」ということになっている。しかし、表現は異なるにしても、生活保護法が「保護は、生活に困窮する者が、その利用し得る資産、能力その他あらゆるものを、その最低限度の生活の維持のために活用することを要件として行われる。」（4条）としており、「被保護者は、常に、能力に応じて勤労に励み、自ら、健康の保持及び増進に努め、収入、支出その他生計の状況を適切に把握するとともに支出の節約を図り、その他生活の維持及び向上に努めなければならない。」（60条）＝生活上の義務＝としていることは、「極めて貧困であるという状態」が「私的な努力では補えない状態」＝「社会的な出来事である」＝と位置付けされていることを意味しており、その結果、その人の努力では避けることのできないこととされ、「任意性」を排除するという姿勢をとっていることになる。

「最低生活の保障」の「負担」について [「任意」と「強制」]の枠組みで捉える

　[公共事業のためなら税金を払う]が、[ギャンブルに行っているような人に「給付」しているのだから「税金」は負担しない]という具合に、自らの意思で「負担」するか、しないかを選べるものであろうか。読者のなかには、心の中では「そんなバカな」と思いつつも、「何となく理解できる」という人もいるかもしれない。これが「年金（保険）」の話になると事情は少し複雑になる。例えば、自分の年金受給に結び付けて考えて、「どうせ貰えないので出さない」と考えたり、「貰うために負担している」と考えることもあるかもしれない。ところが、「最低生活の保障」については少し構造が異なる。構造が異なるといったのは、「意思」＝［「任意」と「強制」］＝に関してのことである。

　「負担」というものを「給付」と接合させて意義づけてしまうと、「答え」がいずれになるにしろ、[「負担」しなくてもいいが、「給付」はない]という具合に、[「任意」と「強制」]の位置についても答えを出しやすい。しかし、「生活保護」については、「負担」というものを「給付」と接合させて意義づけることは、少し困難なことになる。なぜなら、（その時点で）「保護をもらっている人」は、税等を「負担」していないことが多く、さらに、（その時点で）「保護をもらっていない人」＝税等を「負担」している人＝からすれば、「将来、自分が受給することになる」というリアリティーに欠けるからである。その結果、「生活保護」の財源である「税金」の「負担」については、[「任意」と「強制」]という枠組みでは捉えにくいことになる。「納税」は義務であるとはいっても、「年金（保険）」とは異なり、「税金を納めたから生活保護を貰える」というような属人的な脈絡で考えることは余りないだろう。

「最低生活の保障」の「給付」について [「任意」と「強制」] の枠組みで捉える

　生活保護法は「保護の実施機関は、要保護者が急迫した状況にあるときは、すみやかに、職権をもつて保護の種類、程度及び方法を決定し、保護を開始しなければならない。」(第25条) としている。職権保護というものであるが、ここでのテーマは、極論するなら、その職権保護を「任意」に拒否できるか？ということである。

　ずいぶん以前のことであるが、私は「日本社会保障法学会」で、報告者に対して [職権保護を「任意」に拒否できるか？] という趣旨の質問をしたことがある。答えは、「行政やケースワーカーの説明などが不十分であるからそのようなことが生じる。そもそも生存権であるから、そのような質問をすること自体がおかしいのではないか」というようなものであった。私がたずねたかったのは「生活保護」における [「任意」と「強制」] の位置であった。従って、完全なすれ違いであるが、「社会保障法」の法的独自性を探求するためには、「よい」・「悪い」ではなく、どのような構造になっているのかが問われなければならない。単純化すれば、第7条の「保護は、要保護者、その扶養義務者又はその他の同居の親族の申請に基いて開始するものとする」というものと、「職権による保護」との関係が問われることとなるのである。

　一体として存在しているかのような「最低生活の保障」についての制度ではあるものの、「申請」の段階では「任意性」が強く、「給付」の段階では「？？？」である。さらに議論を深めてみよう。「猛烈な感染症にり患した貧困な人」の場合はどうであろうか？この場合、多くの人は「拒否してはならない。拒否できない」と考えるであろう。では、なぜ、私たちは、[「任意」と「強制」] という点で「(単なる) 貧困な人」と「猛烈な感染症にり患した貧困な人」とを区別して位置づけするのであろうか。

「最低生活の保障」の[「負担」と「給付」]の関係を[「任意」と「強制」]の枠組みで捉える(まとめ)

「最低生活の保障」に関しては、「負担」については「強制性」が強く、「給付」については、(どちらかと言えば)「任意性」が強いといえよう。では、[「任意」と「強制」]の枠組みで捉えてみた場合「最低生活の保障」を巡っては、[「負担」と「給付」]の関係はどのようなものとして存在しているのであろうか。

これについても、例えば、「横軸」に「負担」、そして、「縦軸」に「給付」という縦と横の軸を作り、左に行けば「任意性」が強く、上に行けば「任意性」が強いというような枠組みを設定することが役に立つ。制度や考え方が左上に位置すれば、「負担」と「給付」の両者で「任意性」が強く、右下に位置すれば、「負担」と「給付」の両者で「強制性」が強いということになる。そして、制度が左下に位置するなら、「負担」については「任意性」が強いが、「給付」については「強制性」が強い、というような枠組みができる。

では、日本の「最低生活の保障」に見られる、[「負担」については「強制性」が強く、「給付」については「???」]というのはどこに位置するのであろうか。ここでカギを握っているのは「???」であるが、実態を踏まえれば、「右」の「少し下」ということになりそうである。これに、[「負担」と「給付」]の接合関係を絡め合わせなければならない。前提として「納税」＝「負担」が強いられているということから、実際に生じていることは、①「負担」していても、(貧困ではないので)「給付」を受けることができないということであるし、②「負担」できない場合でも、(貧困なので)「給付」を受けることができる、ということになる。「最低生活の保障」については、[「負担」と「給付」]の関係は切断されており、「任意」も「強制」も内包しているということになる。

「意思のありよう」についての補足テーマ——練習

少子化についての「意思のありよう」のありよう——議事録から見る（①戦前・戦時下）

　はたして婚姻は「強制」されることなのであろうか。戦時下の議事録をみてみよう。これらの中に、「強制性」をみることは困難なことではない。「國民優性法案」についての議論では「人口増加率ヲ維持シテ行クコトガ出来ルカドウカ、……結婚ノ獎勵策ヲ國家ノ施設トシテ思切ツテ之ヲ行ハナケレバナラナイ、中ニハ晩婚ノ防止ヲシナケレバナラヌ、獨身税ヲ賦課スルコトニ依ツテノ結婚ノ獎勵、或ハ結婚資金ヲ貸與スルコトニ依ツテノ獎勵、斯ノ如キモノガ、此ノ人口減少ノ傾向ノ見エツツアル今日ニ於テ、ドウシテモ之ヲ行ハナケレバナラヌ」（村松久義）とされたし（官報號外　第75回帝國議會　衆議院議事速記録第25號　國民優性法案第一讀會・昭和15年3月13日・580ページ）、「健康保険法」の改正にあたっては、「獨立シテ結婚生活ヲヤルト云フニハドウシテモ三十歳ヲ越エナケレバナラナイ……申スマデモナク經濟上ノ問題デ家ヲ持ツテ行ケナイ、子供ヲ産ンデヤツテ行ケナイト云フコトデ晩婚ニナル、男ガ晩婚ニナレバ女ノ方ハ自然晩婚タラザルヲ得ナイト云フコトデ、隨テ男女共ニ生殖期間ト云フモノガ、非常ニ短縮サレル結果ニナリマス、隨テ人口ノ増殖スル率ガ減ルト云フコトニナリマスノデ」（伊藤（東）委員）とされているからである（第76回帝国議会衆議院　健康保険険法中改正法律案委員會議録（速記）第6回・昭和16年2月12日・50〜51ページ）。

少子化についての「意思のありよう」のありよう——議事録から見る（②戦後）

　では、現代日本ではどうであろう。例をあげてみよう。「つまり、産

みどきがあるんだということをもっと丁寧に若い人たちに知らせる必要があると思うんですね。欧米では、タイムクロック・キャンペーン、バイオロジカル・キャンペーン、人間の女性の体には特に妊娠・出産適齢期があるんだというようなキャンペーンをしていると。日本もそうしたキャンペーンをした方がいいのではないか、産婦人科学会などと連携しながらですね。フランスはもうそれ積極的にやっていると、私、直接聞きに行きました」（山谷えり子）という発言（［002／014］180 － 参 － 社会保障と税の一体改革… － 7号 平成24年07月25日（国会会議録検索システム 2014. 10. 5）は極めて示唆的である。

　表現こそ異なるが、戦時下の議事録に類似した内容物があることに気づいた方もいるだろう。この時代の背景に秘んでいたものは、「科学」と「なすべきこと（当為）」とを巧みに結合させた「優生思想」的な考え方である。これらに重なるような現代の日本において見られる発言が、例えば、「晩婚化というふうなことが言われておりまして、結婚するタイミングが三十前後になっていることから、その段階から産み始めても、たくさんのお子さんを産むことができないということなんだろうと」（安倍晋三）ということになる（［019／037］183－参－予算委員会－9号平成25年04月22日（国会会議録検索システム 2014. 9. 19）。

第 5 部

[「抽象性」と「具体性」]
――「現象の形態のありよう」という枠組みで捉える――

第5部の全体像

　第5部では、「現象の形態のありよう」という枠組みで、「社会保障の法現象」を捉え、さらに、それとの関係で描くことができる「社会保障法」について捉えることになる。「現象の形態のありよう」と言われてもピンと来ないだろうから、言い方を変えよう。それは［「抽象性」と「具体性」］ということに関係している。それでも、多くの読者はピンとこない。まずは、介護保険制度についての「発題」から。

　近代市民法が有している重要な性格の一つとして「平等」というものがある。しかし、「平等」とだけ言っても、「どういう状態」をもって「平等」というのかは一概ではない。「機会は平等にある」のだから「貧困」になったのはその人のせいだ、という場合の「平等」については、「まさに」という感覚を持つ人もいれば、「何か変だ」という感覚を持つ人もいるだろう。このような感覚を具体的な制度との関係で述べてみよう。「要介護の状態」を判定する際に「要介護認定」というものがある。「要介護認定」の判定にあたっては「実在するAさん」や「実在するBさん」が対象となる。「Aさん」と「Bさん」は、ともに「足の障害」を持っているだけで、その他の状態は同等であったとしよう。ところが、「Aさん」はエレベーターなしの4階に住んでいた。そして、「Bさん」は1階にすんでいた。このような場合、「Aさん」と「Bさん」の「介護についての必要性」は同様なものとして考えるべきであろうか。そこには、①「Aさん」や「Bさん」の身体についてのみ判定すべきなので、どのような環境で生活しているかは問題としない（＝不自由なのは、1階に住む努力をしなかった「A」さんのせいである）、②「Aさん」や「Bさん」にとっての必要性は、「Aさん」や「Bさん」の具体的な生活とは切り離せないものである、という大きな分かれ目がある。前者は「Aさん」や「Bさん」を「抽象的＝科学的」に捉えたということになるし、後者は「Aさん」や「Bさん」を「具体的（な生活との関係）」で捉えた、ということになる。

（図）　「現象の形態のありよう」の軸

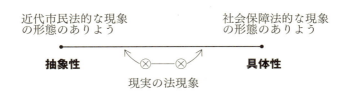

　この「抽象的」／「具体的」、そして、「医学的（科学的？）」／「社会的」ということは社会保障法について回るやっかいなものである。とくに、一般的な正当性を表現する際に用いられる「平等」が議論される場面でよく見られるものである。国会等の議論の場では、「抽象的」な「平等」という言葉が、「具体的な内容物」を込めて発言されることになるから、議事録などにみられる発言の内容を見てみると、ABC 総理の言っている「平等」とは、「このような状態」をもって「平等」と考えているのかということを見つけることができる。「ある事柄」が、どのようなものとして現象するかを捉えることはとても重要な作業である。

> **第 5 部の具体的な構成**
> 第 1 章　[「抽象性」と「具体性」]という枠組みの設定と「社会保障法」
> 第 2 章　[「抽象性」と「具体性」]という枠組みで[医療の保障]を捉える
> 第 3 章　[「抽象性」と「具体性」]という枠組みで[所得の保障]を捉える
> 第 4 章　[「抽象性」と「具体性」]という枠組みで[介護の保障]を捉える
> 第 5 章　[「抽象性」と「具体性」]という枠組みで[最低生活の保障]を捉える

[「抽象性」と「具体性」] という枠組みの設定と「社会保障法」

テーマの設定

　社会保障の内容は法律や規則などによって定められている。それらを観察すると何かが見えてくる。見えてくるものの一つが規律する「ありよう」である。「売買」や「相続」を規律する「ありよう」(A)に慣れ親しんだ日常生活の中で、少し異なる「ありよう」(B)が存在していることに気づくことになる。もちろん、実際には、制度自体も［(A)か(B)か］というような形で両極に存在しているわけではなく、(A)と(B)の間で揺らぎを見せている。商店でモノを買う際に「貧困な人には安い」ということは（通常は）ない。しかし、介護保険の保険料には、基準額があるものの被保険者の所得に応じて保険料の額に差がある。国民年金の制度には「保険料の減免」という制度があるし、国民健康保険の保険料についても同様のモノがある。社会保障では、「抽象的な人」ではなく、「具体的な人」をみるということが随所でなされている。

この章でフォローすること道筋

I 目 的
II 「必要性のあること」を巡る[「抽象性」と「具体性」]——現象の形態のありよう
III 「給付」を巡る[「抽象性」と「具体性」]——現象の形態のありよう
IV 「負担」を巡る[「抽象性」と「具体性」]——現象の形態のありよう
V [「負担」と「受給」]の関係を巡る[「抽象性」と「具体性」]——現象の形態のありよう

目的──なぜ［「抽象性」と「具体性」］という枠組みの設定するのか

　どのような人が「社会保障の対象となるのか」ということや、社会保障についての「負担」をどのようなものとするのかは、制度によって定められる。それにとどまらず、その制度の「ありよう」を介して、その社会がどのようなものかを捉えることができる。

　社会保障法の独自性を捉えるためには、「意思」の「ありよう」についての「任意／強制」というような枠組みと同様に、［「抽象性」と「具体性」］という枠組みも極めて重要である。

　郵便局に人の列ができていた。1人の高齢の女性が、次順位にあった若い女性の前に割り込んでしまった。そこで生じたことは……

　（若い女性）：私たちは、みんな並んでいるのですから、あなたも、1番後ろに並んでくださいよ。

　（高齢の女性）：私は高齢で、足の具合も良くないから、優先的に前に入り込んでも良いと思っています。

　（若い女性）：体の具合や年齢に関係なく、先に来た人から順に切手を買うことができることになっているんだから。

　（高齢の女性）：（…無視・切手購入…）

　これは、30年以上も前に、私が実際にパリの郵便局で経験したことである。この緊張した場の会話には、少なくとも2つの論理が存在していた。1つは「体の具合や年齢に関係なく先に来た人から順に」＝「抽象性」というものであり、もう1つは「高齢者や体の具合が悪い人には優先権がある」＝「具体性」というものである。実際には、どこかで折り合いを付けるのであろうが、そこにあるのは、「平等」と「優先」をめぐる複雑な関係である。このようなことは日常的な感覚にとどまらず、社会保障の具体的な制度の中にも見ることができる。

「必要性のあること」を巡る[「抽象性」と「具体性」]
——現象の形態のありよう

　私たちの暮らしている社会がどのようなものであるかは、様々な制度の「ありよう」をみることによって、ある程度は把握できることになっている。社会保障の制度もそのひとつである。

　社会保障の諸制度は、「必要性（＝ニーズ）のあること」をどのようなものとして表現しているのであろうか。もう少し具体的に述べれば、制度は、人々の「抽象的な状態」をベースとして「必要性のあること」を把握しようとしているのであろうか、あるいは、人々の「具体的な状態」をベースとして「必要性のあること」を把握しようとしているのであろうか。

　「平等」ということについてみてみよう。「法の下の平等」は日本の憲法第14条等にみられる基本的人権の一つとして重要なものである。戦後まもなく、昭和22年に制定施行された労働基準法は、その第6章に、「女子」や「年少者」についての保護規定を設けた。この背景にあった考え方は、「女性」が働く際には、近代市民法の予定した「抽象化された人間像」によってでは、決してとらえることができない困難な問題が横たわっており、したがって、「女性」は保護されることによって、かえって「男性」と「平等」に働くことが可能となるというものである。しかし、（抽象化された意味での）「女性」一般について規定したパターナリスティックな女子の保護規定に関しては、「具体的な個」を見ていないという批判や、女性を自由な労働や自己実現から遠ざけ、かえって、女性労働者と男性労働者を差別することとなるという批判もあった。いわゆる、「保護」か、「平等」か、という選択的議論がこれにあたるといえよう。具体的な社会保障関係の制度の中にもこのようなことは見て取れる。

「給付」を巡る[「抽象性」と「具体性」]
——現象の形態のありよう

　何らかの基準に基づいて、社会保障の「給付」はなされる。その何らかの基準というのはどのようにしてはじき出されるのであろうか。具体化された[「給付」の額]や[「給付」を受けることになる人]をみると、そこに[「抽象性」と「具体性」]が潜んでいることが見えてくる。例えば、介護保険制度は、その人が「どの程度第三者の介在を必要としているのか？」ということをベースに要介護の度合いを判定することになっている。いわば「自立」と「依存」を時間単位ではじき出し、「要介護度」が1であるとか、2であるとするわけである。日本全国で、ほぼ同じ方法で、「その人」がどのような心身の状態であるかを判定することになっており、ソレをもとにして「給付」がなされる。一見したところ、このような方法は説得的である。その説得的という気持ちはどこから出てくるのだろうか。多分、それは[「抽象性」と「平等」の合体したもの]ということになるであろう。

　近代市民社会のベースとなった基本的スローガン、例えば、「自由・平等・博愛」というようなものを、ストレートに「法」や「制度」に具体化すると、あらわれてくるのは「(抽象的な)人」であり、そこからは「高齢者」や「女性」という属性は姿を消すこととなる。そこに存在するのは「抽象化された人間」ということになるのである。[このような「ありよう」ではない「ありよう」]を模索しつつ、社会保障は歴史的に生成してきた。しかし、実際の制度は[「抽象性」と「具体性」]の間でつねに揺らいでいる。AさんとBさんは、空中にぽっかりと存在しているような人ではなく、たとえば、「エレベーターのない4階」と「1階」に住んでいる具体的な人なのである。そのことを社会保障の「給付」にどのように反映させるかは重要な事柄である。

「負担」を巡る［「抽象性」と「具体性」］
——現象の形態のありよう

　「能力」によって「負担」し、「必要」に応じて「給付」するというようなことが言われてもピンとこない。実際、社会保障の「負担」の具体的な「ありよう」は少し複雑である。年金の保険料については「定額」と「定率」、健康保険の保険料については「定率」であるものの、国民健康保険については保険者ごとで様々であり、介護については「基準額」はあるものの「所得に応じて段階を設定」という具合である。また、「保険料の減免」、医療保険の「一部負担金についての減免」があり、さらには、それぞれの制度に「税」が入り込んでいる。「定額」にしても、「定率」にしても、（抽象化された）数字としては「同じ」額という結果が生じることもある。この事を社会保障としてどのようなものとして位置づけするかが課題となる。

　たしかに、「保険料」や「税」を組み合わせ、さらには、それぞれの仕組みでいろいろと工夫はなされている。細かいところまで入り込むと、確定申告の時点での「医療費控除」の額が、所得税そして住民税に反映されることとなる。このような複雑さを、単に複雑でわかりにくいということで片付けてはならない。

　もし単純な一つの制度のみで実施すると、「数値」等が同一であることから、「抽象的」には「平等」であっても、角度を変えてみた場合には、［結果としての「不平等」が生じている］という意見が出てくるかもしれない。議論が複雑化し制度が揺らぐのは、このようなことと関係している。議論が揺れているのは、［「抽象性」と「具体性」という両極を持った軸］の上で、実際の制度を、［近代市民法的な意味での「平等」］のほうにもっていくのか、それとは異なる方向にもっていくのかということの表れである。

[「負担」と「給付」] の関係を巡る [「抽象性」と「具体性」]——現象の形態のありよう

　AさんとBさんは同じ50歳。お互いにすぐ近くに住んでいる。少し以前は仲が良かったものの、最近は少し微妙である。Aさんは現役で働いていて、それなりの報酬を得ている。納税額も相当なものである。他方のBさんは、ある程度元気なのだが、事情があって生活保護を受給している。自分は「負担」しているが「受給」していないとAさんは思っている。そのAさんは、Bさんが「受給」している生活保護の財源が「税」であることについても、なんとなくイライラしているのである。

　さて、それから20年後。AさんBさんの相互関係が変容してきた。Aさんが「要介護状態」になり要介護度は5となってしまった。金額にすると毎月何十万円にも相当する介護の給付を受ける状態である。他方、Bさんは、少ないものの事業収入を得て、わずかの年金を「受給」し始めたことから、最低生活基準ぎりぎりの状態となって、保護を受ける状態ではなくなったのだ。Aさんは、「毎月介護保険料を納めたから受給するのは当然だ」と思っているが、Aさんが「月々納めてきた1万円」とAさんが受給している「毎月何十万円の介護の給付」とには大きな差がある。

　目の前に [1] がある。それについて、① [その「ありよう」は「1」なのだ] という捉え方と、② [その「ありよう」は「1」ばかりではない] という捉え方とがある。ある人が二つのリスクを同時に抱えた場合「それぞれのリスクを足し算すればよい」という具合に表現することもあるし、「二つのリスクは三倍にも四倍にもなる」という具合に表現することもある。研究室で愛用しているものは、「人生いろいろ」と書かれた湯のみ茶碗である（＝これは、かつての院生が歯医者でバイトをしていた時にもらったものらしい）。関係ないか？

[「抽象性」と「具体性」] という枠組みで [医療の保障] を捉える

テーマの設定

　日本国憲法は、その第14条で「すべて国民は、法の下に平等であって、人種、信条、性別、社会的身分又は門地により、政治的、経済的又は社会的関係において、差別されない」（第1項）としている。重要なことであり、当たり前のことのようであるが、これは社会保障との関係では、結構複雑な問題を提起することとなる。

　[医療の保障] についての実際の制度を見れば、「年齢」や「所得」によって、一部負担金の割合が違っていたり、さらには、（原則として）75歳以上の人々には別建ての「高齢者の医療の確保に関する法律」というものが用意されている。さらに、生活保護の医療（＝医療扶助）も存在する。そして、住んでいる地域の違いによって、「医療供給体制」の格差も存在する。これらのことは社会保障との関係ではどのように説明されることになっているのであろうか。

この章でフォローすること道筋
　Ⅰ　目　的
　Ⅱ　「医療の保障」の「必要性の発生」について [「抽象性」と「具体性」] という枠組みで捉える
　Ⅲ　「医療の保障」の「負担」について [「抽象性」と「具体性」] という枠組みで捉える
　Ⅳ　「医療の保障」の「給付」について [「抽象性」と「具体性」] という枠組みで捉える
　Ⅴ　「医療の保障」の [「負担」と「給付」] の関係を「現象の形態のありよう」で捉える（まとめ）

目的――[「抽象性」と「具体性」]という枠組みで[医療の保障]を捉えること

　人々にとって[医療の保障]は平等に確保されているのであろうか。この一点を捉えただけでも、[「抽象性」と「具体性」]という枠組みでみれば、議論は山ほどできる。確かに、「給付率」という点だけで見れば、(約) 70％ということで平等のようである。しかし、住んでいる地域の違いによって生じる「医療供給体制」の格差はどうであろうか。この場合、私たちの多くは、「格差」について、都道府県・市町村というような「行政の圏域」を所与の前提として比較して、「格差がある」というようなことを主張したりする。確かに、社会保障に関係する多くの事柄は、「国」・「都道府県」・「市町村」という行政の圏域を基盤として実施されている。しかし、生活している「具体的な人間」は、既存の「国」・「都道府県」・「市町村」という行政の圏域を超えて生活をしているのである。

　「商品」の売買であれば、「病人」であれ、「非病人」であれ、100円は100円であり、チャンスは平等にある、なんて発言する。ところが、このことは「商品」が存在していて成り立つ理屈である。「医療」はどうであろうか。実際の社会保障の制度について考える際に関係してくるのが「生活の圏域」という考え方である。日常生活は、「国」・「都道府県」・「市町村」を超えることになる。そうすると、「生活の圏域」と「行政の圏域」との関係について整理しなければならないことになる。その際に気をつけなければならないことは、拠点となる病院を中心にしてコンパスで同心円のようなものを描かないことである。病気の人や見舞いの人は、実際に存在している道路、実際に存在し営業している交通機関を利用することになる。その人たちにとっての日常的な空間は、「鳥」が空中から眺めているような抽象的な空間ではないのである。

「医療の保障」の「必要性の発生」について ［「抽象性」と「具体性」］という枠組みで捉える

　「医療の保障」の「必要性の発生」ということはどのような「現象の形態のありよう」として捉えられるのであろうか。

　社会保障の歴史を見ると、その「ありよう」は［「抽象性」と「具体性」］の繰り返しである。そして、現代日本の具体的な制度も、いわば、［「抽象性」と「具体性」］という両極を持った軸の上で揺らいでいるのである。

　歴史にみるなら、「一部の人の医療の必要性」のみに光を当てることによって、制度は創設された。ここで生じたことは、［「医療の保障」の「必要性の発生」］についての「抽象性」（＝市民一般）から「具体性」（＝工場労働者・鉱業労働者）というものである。その後長い時間をかけて、「国民皆保険体制」が達成され、「医療扶助」（＝生活保護の医療）も制度化された。生じていることは、一度具体化された個々のものが、普遍化しながら「抽象性」を確保するようなサイクルの連続である。

　［「抽象性」と「具体性」］に関わる出来事は、「給付」に関係しても生じている。「甲さん」が病気Ａになった。その7日後、「甲さん」の病気Ａは治った（＝よかったね）。その3日後、「甲さん」が病気Ｂになった。その7日後、「甲さん」の病気Ｂは治った（＝大変だったね）。この「甲さん」の「病気Ａ」と「病気Ｂ」は、「医療の保障」の「必要性の発生」という意味でどのようなことなのだろうか。「病気Ａ」と「病気Ｂ」は、「具体性」を有したまま独立しているともいえるし、「病気Ａ」と「病気Ｂ」は、ともに、「甲さん」にとっての（一部負担金という）出費を伴う「必要性の発生」（＝高額療養費の対象）という位置付けもできる。このように、個々の「具体性」を有するものが、結果として「抽象性」を帯びたモノと化すことさえある。

「医療の保障」の「負担」について[「抽象性」と「具体性」]という枠組みで捉える

「現象の形態のありよう」という枠組みで捉えるなら、「医療の保障」の「負担」は、[「抽象性」と「具体性」]という点において様々な像で現れることになる。

社会保険についていえば、被保険者本人については、その人が病気がちであるか、あるいは、健康であるかによって保険料の額が左右されるということにはなっていない（2016年の時点では）。その意味では、保険料の額というレベルでは、「負担」は「抽象性」の高いものとしてあらわれる。しかし、病院の窓口では、「療養の給付」を受けた人だけが（約）30％の一部負担金を支払うわけであるから、「負担」は「具体性」の高いものとしてあらわれる。

被用者保険の一種である健康保険には「被扶養者」という概念がある。様々な所得の証明をするなどして、毎年、「被扶養者として認定」されることになる。「被扶養者」は、（経済的に扶養されているのであるから）保険料を「負担」しなくてよいことになっている。この（「負担」しなくてよい）「被扶養者」のうちの配偶者については、例えば、健康保険法に見ることができるように、主としてその被保険者により生計を維持するものとされるが、「……届出をしていないが、事実上婚姻関係と同様の事情にある者を含む……」とされている（第3条7項1号）。さらに「被保険者の配偶者で届出をしていないが事実上婚姻関係と同様の事情にあるものの父母及び子であって、その被保険者と同一の世帯に属し、主としてその被保険者により生計を維持するもの」（同3号）と認定されれば、被保険者の被扶養者となる。ここで重視されているのは、（民法上の届け出はさておき）「実際の生活」がどのようになっているのか、という「具体性」である。

「医療の保障」の「給付」について［「抽象性」と「具体性」］という枠組みで捉える

　「医療の保障」の「給付」とは、「療養の給付」ということで見るなら、傷病の状態にある具体的な人々について、個別に対応するものである。傷病の状態にある具体的な人々を見るわけであるが、傷病に対応しているのであるから、その人が「金持ち」であるかだとか、「保険料の額が高い」だとかには関係がない対応である。そして、治療などの結果として、（抽象的な存在としての）「市民」の状態に復帰させる機能を果たすものである。しかし、一部負担金ということで見るなら、「医療の保障」の「給付」はソレにとどまらない。例えば、健康保険法は、一部負担金について、一般的には30％としているものの、「七十歳に達する日の属する月の翌月以後である場合……百分の二十」とし、「七十歳に達する日の属する月の翌月以後である場合であって、政令で定めるところにより算定した報酬の額が政令で定める額以上であるとき……百分の三十」としている（74条1項2号、3号）。すなわち、70歳に達した翌月以降については、原則20％としつつも、報酬の額が政令で定める額以上であるときには30％というように、その人の経済的な状態を勘案するという「具体性」が強くなっている。

　「医療の保障」の「給付」は、傷病についての「療養の給付」を主眼としているが、他方で、一部負担金も重要な機能を果たしている。医療の現物給付である「療養の給付」に見られる［「抽象性」と「具体性」］の関係とは異なり、一部負担金については、その人の（具体的な）「所得の状態」が関係してくるのである。

「医療の保障」の［「負担」と「給付」］の関係を「現象の形態のありよう」で捉える（まとめ）

　「国民皆保険体制」と言われるように、日本の「医療の保障」は社会保険を中軸としているが、「保険料」だけでなく「税金」も投入されている。すべてを「税」財源とする「生活保護の医療」（＝医療扶助）も重要な役割を果たしている。歴史的に見るなら、一部の「（工場労働者というような）具体的な人」のみに適用されていた医療保険が、国民全体にまで拡大されたのである。さらに、国民健康保険では、日本国籍を有しなくても住所地を有する人であれば被保険者となる（国民健康保険法第5条）。限定された「具体的な人」から普遍性をそなえた拡大を経て、市民法の予定している「抽象的な人」と社会保障法の予定している「具体的な人」とが重なりあうようなものにも見えてくる。亀裂が生じるのは、「国籍要件」が存在している「生活保護の医療」（＝医療扶助）である。しかし、消費税率が上昇したにもかかわらず、従来の説明用具である［「負担」と「給付」］の関係を強調してしまうと、「生活保護の医療」（＝医療扶助）の位置は複雑化することになる。

　健康保険法が創設された時期のように、一つの制度で自己完結している場合は、［「負担」と「給付」］の関係が見えやすい。しかし、「拡大」・「普遍化」が繰り返されることによって、［「負担」と「給付」］の関係が見えにくくなることが生じる。この点に気をつけなければならない。いかに、「拡大」・「普遍化」を繰り返し「抽象化」したとしても、本質的な性格は根っこに潜んでいるのである。ただ、見えにくいだけである。「適用対象」と「給付内容」とがいかに拡大しようとも、それらは制度の性格に由来する限界を有しており、決して、市民法の予定している人間像である「抽象的な人」という形での具体化は見せない。見えにくくはなっているものの、「医療の保障」は「傷病という状態にある」という「具体性」を備えているのである。

[「抽象性」と「具体性」] という枠組みで [所得の保障] を捉える

テーマの設定

[所得の保障] は金銭による給付でなされることから、「抽象性」の強いものとなる傾向がある。Aさんの貰った遺産、Aさんの得た勤労所得などと、Aさんが受給した「年金」は、一つの通帳に入ってしまえば、そのAさんの財産として区別しにくくなってしまう。だからといって、「相続した財産」や「契約によって手に入れた金銭」と「年金給付による金銭」は区別しなくてよいものであろうか。これがなかなか面倒である。現代社会においては、前者を規律する「市民法」と、後者を規律する「社会保障法」とが、相互に浸透し合い、結果として、具体的な制度は、相互に [「抽象性」と「具体性」] を混濁する形で有している。相互の混濁は、高齢であるものの在職で高額の所得がある人についての年金をどのように位置づけるかということや、生活保護の「補足性の原理」に見ることができる。

この章でフォローすること道筋
Ⅰ　目　的
Ⅱ　「所得の保障」の「必要性の発生」について [「抽象性」と「具体性」] という枠組みで捉える
Ⅲ　「所得の保障」の「負担」について [「抽象性」と「具体性」] という枠組みで捉える
Ⅳ　「所得の保障」の「給付」について [「抽象性」と「具体性」] という枠組みで捉える
Ⅴ　「所得の保障」の [「負担」と「給付」] の関係を「現象の形態のありよう」で捉える（まとめ）

目的──[「抽象性」と「具体性」] という枠組みで [所得の保障] を捉えること

　社会保障としての [所得の保障] がなされるのは、「所得の途絶」や「貧困という状態」が生じたことが発端となる。とはいっても、「退職積立金及び退職手当法」(昭11年) や「労働者年金保険法」(同16年) の時代には、すべての人々の「所得の途絶」や「貧困という状態」に対応するという体制は出来上がっていなかった。「国民皆年金体制」が実現するのは、戦後のことであり、実質的には、国民年金法などの改正によって基礎年金が出来上がる時期である。この経緯を [「抽象性」と「具体性」] という枠組みで捉えるなら、①人々にとって機会は平等にあるのであるから、「所得の途絶」や「貧困という状態」については、その個々人で私的に対応すべき事柄とされていた (抽象性)、②一部の人々の「所得の途絶」や「貧困という状態」に光が当てられた (具体性)、③個別の制度が拡大し、やがて、すべての人々の「所得の途絶」や「貧困という状態」に対応するような体制が出来上がった (抽象化の方向性)、ということになる。

　ここでは、[「抽象性」と「具体性」] という枠組みを設定して、「所得の保障」を、①「必要性の発生」、②「負担」、③「給付」、④[「負担」と「給付」] の関係、という点で捉えることとなる。念頭に置いているのは、「抽象性」(左の極) と「具体性」(右の極) という、両極を持った「軸」＝「現象の形態のありようという軸」であり、その軸の上に、現代日本の [所得の保障] の実際を置くことによって、現代日本の [所得の保障] の実際がどのようなものかを位置付けしようというものである。いわば、実際の法現象が、「近代市民法」的なものから、「社会保障法」的なものまで、幅のある「軸」の上で性格付けされることになる。

「所得の保障」の「必要性の発生」について [「抽象性」と「具体性」] という枠組みで捉える

　「所得の保障」の「必要性の発生」ということはどのような「現象の形態のありよう」として捉えられるのであろうか。

　「所得の保障という必要性の発生」＝「所得の途絶」や「貧困という状態」＝についての位置付けは、歴史的に見れば、「(抽象的に保障されている) チャンスを生かせなかった個々人の問題」＝「抽象性」という位置付けから、「社会の構造との関係で様々なありようで生じる問題」＝「具体性」へと移行してきている。そうはいっても、そのような方向性は固定的なものではなく、常に、逆の方向を指向して揺らいでいる。「貧困という状態」について、「抽象化された個々人」に生じることとして位置づけするようになると、「貧困という状態」は、(抽象的な) チャンスを生かせなかった人の状態ということになり、逆の方向を指向することになる。逆の方向を指向すると、たまたま「(その時点で) 貧困という状態でない人々」は、「(抽象的に保障されている) チャンスを生かせた人々」とされることになり、結果として、「貧困という状態」は、あたかも「その商品を売買するかしないかはその人の選択の問題である」という具合に、「抽象化された個の問題」とされてしまうことになる。

　社会保障としてなされている「所得の保障」は、おもに社会保険によってなされている。その社会保険において、「貧困という状態」の発生は、「要所得の状態」として、例えば、「失業」や「高齢」というような形で制度的に類型化され具体化している。十分かどうかは別として、リスクが類型化されているということは、「貧困という状態」を、「(抽象的な) チャンスを生かせなかった個人の問題」とせずに、「社会的なこと」として具体化していることの表れである。

「所得の保障」の「負担」について［「抽象性」と「具体性」］という枠組みで捉える

「所得の保障」を巡る費用の「負担」の意味を［「抽象性」と「具体性」］という枠組みで捉えてみよう。

日本の「所得の保障」のための「負担」は、おおざっぱにいえば、①定額の方式（基礎年金部分についての第一号被保険者）、②定率の方式（被用者年金部分）、という二つの方式から構成されている。①については、現行制度で見る限り定額となっており、第一号被保険者の所得の多寡という具体的な状態は「負担」に反映されない。とはいっても、具体的にみて所得が少ないと判断される人についての保険料の減免の制度はある。②については、個々人の被保険者の所得の具体的な多寡は「負担」の額に反映されることになるが定率という「抽象性」がくっついている。このような形で具体化した制度の背景には、「所得の保障」を巡る費用の「負担」についての、一般論的な意味での意義付けがある。しかし、その意義づけは一通りではない。そして、その意義づけが一通りではないことが、具体的制度面での複雑さに反映されることになる。

そして、それ以前のこととしてあるのは、そもそも、単なる事実としての出来事である「貧困という状態」に対応すべきは誰か？という、根本的な問いである。根本的な問いは、①「貧困という状態」に対応する費用を「負担」するのは（私的扶養を含む）「個々の貧困という状態にある本人」か、②（貧困という状態にある人を含む）「社会（全体）」か、という形で現れる。前者にあるものは、「貧困という状態」についての対応を、（抽象的な意味で平等に保障された）チャンスを生かせなかった「貧困という状態にあるソノ人」に帰すこととなる。後者は、「貧困という状態」を現に「具体的に生じていること」として、社会的なものとして位置付けることになる。

「所得の保障」の「給付」について［「抽象性」と「具体性」］という枠組みで捉える

　「所得の保障」の「給付」は、保険料の額（減免の具合を含む）だとか、納付済みの期間だとかが関係するので、大雑把に言うなら、100人いれば100通りである。この事を、簡単な「例」を手掛かりにして、「所得の保障」の「給付」について、［「抽象性」と「具体性」］という「関係のありよう」で捉えてみよう。

　「例」として取り上げるのは、同じ年齢のお隣同士の「高齢でリタイアしているAさんご夫婦」と「高齢で高額所得のあるBさんご夫婦」についてである。4月15日に「Aさんご夫婦」は年金支給日ということで出かけようとしていた。「Bさんご夫婦」と出会ったので「ちょっと銀行まで」とあいさつを交わした。部屋に戻った「Bさんご夫婦」は「？？？」という心持になった。Bさんが、「？？？」という心持になったのは、「自分はなぜ貰っていないのだ」という疑問からである。Bさんの頭の中には、私も「同じく納めてきたのに……」という何とも言えない気持ちが猛烈に渦巻いてきた。

　お昼時「あーおいしかった」と、Aさんご夫婦が帰宅してくると、またまた、（たまたま）Bさんとバッタリ。Aさんご夫婦の頭の中には、「あーおいしかった」と「高齢であっても、高額所得のあるBさんうらやましいな……」があるのに、Bさんの頭の中には、台風の吹き返しのように「……」が猛烈に渦巻いていた。Aさんご夫婦は、具体的な所得などを考慮に入れて「年金は所得の保障が必要な人が貰うもの」という具合に位置付けしている。Bさんの頭の中で渦巻いているものは、「所得の保障」の「給付」について、「要件を満たせば、（民間保険会社と契約を結んだように）その人の具体的な状態とは関係なしに給付されるべきだ」というものである。

「所得の保障」の［「負担」と「給付」］の関係を「現象の形態のありよう」で捉える（まとめ）

　作業手順は以下のようなものである。すなわち、①横軸を設置する。②「現象の形態のありよう」という意味で「近代市民法」的な性格を有する「極」＝「抽象性」を軸の左側に設定して、③軸の右側に「社会保障法」的な性格を有する「極」＝「具体性」を設定して、④「捉える対象」としての「所得の保障」における［「負担」と「給付」］の関係を、その軸の上に位置づけるというものである。実際の「所得の保障」が、民間の保険会社との契約に見られるようなもの＝「合意に達すればだれでもよい」というようなもの＝であれば、それは軸の左側に位置付けされることとなる。この場合、［「負担」と「給付」］の結び付きは強い。他方、「負担」をするのは「能力のある（とされた）人」であり、「給付」を受けるのは「必要性のある（とされた）人」ということ＝誰でもよいということではないこと＝になっていれば、それは軸の右側に位置付けされることとなる。

　具体的な制度を見てみよう。年金（保険）に関する制度を見るなら、「老齢」に関するものは、「負担したこと」と「給付」は結びつきがある程度強いことから、それは少しだけ軸の左側に位置することになる。それに対して、「障害」と「死亡（遺族年金）」に関するものは、「負担したこと」と「給付」は結びつきが弱いことから、軸の右側に位置することになる。さらに、その右側には、生活扶助（生活保護）による「所得の保障」が位置している。実際の制度において、「所得の保障」にみられる［「負担」と「給付」］の関係は、［「抽象性」と「具体性」］という枠組み＝「現象の形態のありよう」＝で捉えるなら、一般的に軸の右側に位置しているということがいえるが、「老齢」に関するものは、常に、左側を指向している。

[「抽象性」と「具体性」] という枠組みで [介護の保障] を捉える

テーマの設定

　Aさんは「歩行が困難な状態」である。Bさんは「認知症もあり歩行が困難な状態」である。さて、このAさんとBさんが、少し値段が高い買い物をしようとした。具体的な場面では、いろいろあって、一概には答えを出しにくいであろうが、皆さんは、「何となく」AさんとBさんについて、異なる対応の必要性を感じていないであろうか。その「何となく」を、もう少し専門的に表現すれば、「契約」ということに行きつく。皆さんの頭の中には、多分、「歩行が困難な状態」ではあるが「契約」は結べる、というようにAさんを捉えているのであろう。そこにあるAさんの位置付けは、近代市民法が予定した人間像＝抽象的な人間像＝のままである。他方、Bさんについては、相手方と対等な立場に立って、本人が「契約」を結ぶことは困難だ、というように具体的な人を見て位置付けしているのであろう。

この章でフォローすることの道筋
　Ⅰ　目　的
　Ⅱ　「介護の保障」の「必要性の発生」について［「抽象性」と「具体性」］という枠組みで捉える
　Ⅲ　「介護の保障」の「負担」について［「抽象性」と「具体性」］という枠組みで捉える
　Ⅳ　「介護の保障」の「給付」について［「抽象性」と「具体性」］という枠組みで捉える
　Ⅴ　「介護の保障」の［「負担と納付」と「給付」］の関係を「現象の形態のありよう」で捉える（まとめ）

目的――[「抽象性」と「具体性」] という枠組みで[介護の保障] を捉えること

　[介護の保障] を [「抽象性」と「具体性」] という枠組みで捉えるということについて、事前に少し意識化しておこう。

　[介護の保障] がなされる発端となるのは「(いわゆる) 寝たきりの状態」である。しかし、「抽象的」に「(いわゆる) 寝たきりの状態」と表現できたとしても、具体的にみれば「心身の状態」は様々である。そして、「(いわゆる) 認知症」があるとすれば、さらに事情は複雑になる。寿命が延びたことによって、人々の生活は「(抽象的な) 市民」としてのモノだけではなく、「介護の保障」を必要とする期間が長期化してきた。かつては、私的な扶養で何とかしのげていた期間が長期化しただけでなく、質的にも大きく変化した。このような [介護の保障] を [「抽象性」と「具体性」] =「現象の形態のありよう」によって捉えるわけであるが、具体的には、その「現象の形態のありよう」というものを、①「必要性の発生」、②「負担」、③「給付」、④ [「負担」と「給付」] の関係、という場面で捉えることとなる。これらの場面で捉えることによって、「(いわゆる) 寝たきりの状態」に対応する [介護の保障] というものが、制度的な意味において、人々をどのような関係に置いているかが分かることとなる。

　ここでの手法は、現代日本の [介護の保障] の実際を、「抽象性」(左の極) と「具体性」(右の極) という、両極を持った「軸」=「現象の形態のありようという軸」の上に置くことによって、現代日本の [介護の保障] の実際を位置付けしようというものである。いわば、実際の法現象が、「近代市民法」的なものから、「社会保障法」的なものまで、幅のある「軸」の上で性格付けされることになる。

「介護の保障」の「必要性の発生」について［「抽象性」と「具体性」］という枠組みで捉える

　「介護の保障」の「必要性の発生」ということはどのような「現象の形態のありよう」として捉えられるのであろうか。

　歩行が困難であることから、車いすでの移動をしている高齢者が二人いた。Aさんは、車いすでの移動以外日常生活での問題はない。Bさんには、認知症が出ている。

　この二人についての［「必要性がある」ということ］はどのような「現象の形態のありよう」で生じるのであろうか。結論的に言えば、この二人についての［「必要性がある」ということ］は、それぞれの場面で異なるものとして生じることになる。Aさんについては、移動ということ以外では「必要性があること」は生じず、それ以外の場面では、Aさんは「抽象的な存在」として現象している。それに対して、Bさんは、「契約」等の困難な「具体的な存在」となって表れる。言い換えれば、Bさんは、（抽象的な）市民が平等に有している権利などの点で、「何かが必要な」人となって表れるのである。その「何か」は、Bさんのような状態にあるそれぞれの人によって、「具体的」に様々である。

　このようなことは、具体的な「要介護認定」の場面でも生じることになる。結論の分かれ目は、①［「必要性の発生」を、実際に生活をしている空間で生じていること］と捉えるのか、あるいは、②［「必要性の発生」を、どのような空間で生活をしているかを問わずに、「（科学的に）寝たきりの状態」］と捉えるのか、という点で生じる。実際の制度をみると、②の位置付けが強いものの、①の位置付けも内包しており、結果として、制度があやふやなものとして存在していることから、政治的な駆け引きとして使われていることも多い。

「介護の保障」の「負担」について [「抽象性」と「具体性」] という枠組みで捉える

　[「抽象性」と「具体性」] という枠組みで「介護の保障」の費用の「負担」を位置付けしてみよう。一般論的な意味では、「介護」に要する「費用」については、①（自らの判断で）民間保険会社との契約によるなどして、本人が負担すべきであるとするか、あるいは、②（本人の判断とは別に）「（本人を含む）社会」が負担する、という形で振り分けされることとなる。前者は、本人が「（いわゆる）寝たきりの状態」であるか否かを問わず、「（抽象的）市民」として対応するための「（費用）負担」という位置付けとなる。それに対して後者は、具体的なＡさんやＢさんという形ではないが、発生するであろう「要介護の状態」が想定され、そのこととの関係で「負担」というものが位置づけされることとなる。実際の制度は、後者に近いものの、[「措置」から「契約」へ] という表現に見られるように、前者のような意味をも内包している。

　さらに考えなければならないことは、「負担」ということが、①「税」、②「保険料」、③「一部負担金」など、いろいろな場面で生じ、それぞれに込められた意味が微妙に異なるということである。そして、これらに、④２号被保険者にとっての「保険料の負担」も加わってくる。そうなってくると、「介護の保障」については、「負担」という風に一概に意義づけすることは困難になってくる。この「一概に意義づけすることは困難」ということが、社会保障としての「介護の保障」の「負担」のありようを特徴づけているものなのである。いいかえれば、それぞれの場面で具体的に判断されるという段階を設けているのである。民間保険であれば、「誰が」契約を結ぼうと、それとは関係なしに「抽象化された契約」という意義づけをされることになるのと好対照である。

「介護の保障」の「給付」について[「抽象性」と「具体性」]という枠組みで捉える

　簡単な「例」手掛かりに、「介護の保障」の「給付」について、「現象の形態のありよう」で捉えてみよう。

　久しぶりにAさん(要介護度2)は外出した。コーディネーターのところまで出かけて、①「ヘルパーの派遣」をお願いする手続きをして、ついでに頑張って、②大好きなメロンパンを買い、③大好きなコカコーラを買い、④孫のために、家庭教師の派遣契約を結んだ。このAさんの購入したモノのうち、「要介護度2のAさん」が購入したという位置付けがなされる可能性があるのは、①「ヘルパーの派遣」だけである。②、③、④は、申し訳ないが、「要介護度2のAさん」ということは考慮されない。すなわち、確かにAさんが購入したモノではあるが、「要介護度2のAさん」が購入したという意義づけはなされない

　「介護の保障」の「給付」というと、「要介護状態になった場合」に受ける「給付」であるという具合に、あまり余計なことを意識せずに考えがちである。ところが、[「抽象性」と「具体性」]という枠組みを使ってもう少し解剖してみると何かが見えてくる。それは、当然のように思われている「給付」であるとしても、そこには「具体性」という性格が付着していることである。決して、「誰が何を買ってもよい」という構造ではないという点に、特徴的なことが認められるのである。言い換えると、「介護の保障」の「給付」は、①サービスを購入する人、②サービスを提供する側、③購入されるサービスの質、④購入されるサービスの量、というような多くの点で「具体性」を判断するためのフィルターが設けられたものとなっているのである。

「介護の保障」の[「負担」と「給付」]の関係を「現象の形態のありよう」で捉える(まとめ)

　「介護の保障」を巡る[「負担」と「給付」]の関係を「現象の形態のありよう」という枠組みで捉えてみよう。まず枠組みの設定から。①横軸を設置する。②「現象の形態のありよう」という意味で「近代市民法」的な性格を有する「極」＝「抽象性」を軸の左側に設定して、③軸の右側に「社会保障法」的な性格を有する「極」＝「具体性」を設定して、④「位置づけされる対象物」として、「介護の保障」における[「負担」と「給付」]の関係をその軸の上に置く、というものである。もし、実際の「介護の保障」が、民間保険会社での契約のように、[「負担」と「給付」]を結び付けるようなものとして存在するなら、それは軸の左側に位置付けされることとなる。[「負担」と「給付」]を切断させるようなものとして存在すれば、それは軸の右側に位置付けされることとなる。

　現代日本の「介護の保障」は、具体的には介護保険制度を中軸に実施されている。とはいっても、財源の半分は「税」であり、さらには、「給付」を受けた高齢者が「負担」する「一部負担金」も存在している。実際の制度を見るなら、「長年にわたって、高額の負担をしたから、要介護度が高くなる」という関係や、「多く負担したから、介護給付を多くもらえる」という関係は成り立っていない。さらに、生活保護の介護＝介護扶助については、[「負担」と「給付」]との関係は切断されている。ということから、実際の制度は、設定された軸の右側に位置することとなる。とはいえ、「給付」を受けた際には「一部負担金」を「負担」しなければならないことを考えれば、わずかではあるものの左側に揺れている。将来、「一部負担金」の割合が高くなってくると、「介護の保障」の位置はさらに左側に移動することになる。

[「抽象性」と「具体性」] という枠組みで [最低生活の保障] を捉える

テーマの設定

　現代日本の [最低生活の保障] を担っているのは生活保護の制度である。その生活保護については、結構誤解がある。よくある誤解は「生活保護の人の方が、年金をもらっている人より多くもらっている」というようなものである。確かに、そのようなことも発生することもあるだろう。生活保護による扶助は、「最低生活基準」を下回っている場合に「下回っている部分」が「給付」されることになるから、そもそも「収入がゼロ」という人については、「基礎年金より額が多い」ということが生じる。しかし、収入が「基準額ギリギリ」という人には、保護として支給されるのはわずかの額となる。ライン以下であれば誰でも一定額をもらえるというような「抽象的」なものではなく、具体的な個々の世帯の収入の事情に応じて「具体的」な額が支給される。そのような [「抽象性」と「具体性」] は、どのように具体的に現れるのであろうか。

この章でフォローすることの道筋
　I　目　的
　II　「最低生活の保障」の「必要性の発生」について [「抽象性」と「具体性」] という枠組みで捉える
　III　「最低生活の保障」の「負担」について [「抽象性」と「具体性」] という枠組みで捉える
　IV　「最低生活の保障」の「給付」について [「抽象性」と「具体性」] という枠組みで捉える
　V　「最低生活の保障」の [「負担」と「給付」] の関係を「現象の形態のありよう」で捉える（まとめ）

目的──[「抽象性」と「具体性」]という枠組みで [最低生活の保障] を捉えること

　生活保護の具体的な対応については、「責任」や「意思」など様々な角度からの説明が可能であるが、ここでは、[「抽象性」と「具体性」]＝「現象の形態のありよう」によって捉えることとなる。

　[最低生活の保障] がなされる発端となるのは「極めて貧しい状態」である。どのような状態が「極めて貧しい状態」であるかについては、「基準」によって定められている。歴史的変容はあったものの、「基準」自体は、誰にでも適用されるように定められている。しかし、「適用される人」の「具体的」な状態によって、「基準」に満たない部分が「給付」されることになっている。従って、鍵を握っているのは、「個々の世帯の具体的な状態」ということになる。ここに見られることは、個々の具体的状態とは関係なしに、「100円は100円」というような、売買される際に念頭に置かれているルールとは異なるものである。

　具体的には、[最低生活の保障]を巡っての、①「必要性の発生」、②「負担」、③「給付」、④[「負担」と「給付」]の関係を、「現象の形態のありよう」＝[「抽象性」と「具体性」]＝ という枠組みによって捉えることとなる。これらの作業を介して、「極めて貧しい状態」に対応する [最低生活の保障] というものが、制度的な意味において、人々をどのような状態に置いているかを捉えることとなる。具体的には、現代日本の [最低生活の保障] の実際を、「抽象性」（左の極）と「具体性」（右の極）という、両極を持った「軸」＝「現象の形態のありようという軸」の上に置くことになるが、軸の上に置かれた [最低生活の保障の実際] の位置は一様ではなく、「近代市民法」的なものから、「社会保障法」的なものまで、幅のある「軸」の上で左右に揺らぐことになる。

「最低生活の保障」の「必要性の発生」について [「抽象性」と「具体性」] という枠組みで捉える

　ある程度の類型化は可能であるとしても、「極めて貧困な状態の発生」のありようは多様である。たとえ同レベルでの「極めて貧困な状態」であったとしても、その人たちがどの地域で生活しているかによって、「必要性の発生」のありようは異なってくる。何となくわかったような気になる表現であるが、このように表現できること自体の中にヒントがある。それは、①「同レベルでの極めて貧困な状態」と述べたことであり、②「どの地域で生活しているかによって、「必要性の発生」のありようは異なってくる」と述べたことである。前者によって表現されることは、（その人がどのような状態であろうと）「100円は100円」というような「抽象性」の高い事柄である。それに対して、後者によって表現されることは、「具体的なその人の状態」ということになる。

　実際の制度はこのようなことに、どのように対応しているのであろうか。生活保護法の第8条は「保護は、厚生労働大臣の定める基準により測定した要保護者の需要を基とし、そのうち、その者の金銭又は物品で満たすことのできない不足分を補う程度において行うものとする」（第1項）としている。さらに、「前項の基準は、要保護者の年齢別、性別、世帯構成別、所在地域別その他保護の種類に応じて必要な事情を考慮した最低限度の生活の需要を満たすに十分なものであつて、且つ、これをこえないものでなければならない」（同2項）としている。ここからわかることは、前提となる基準自体は「抽象性」の高い形で定められているものであるが、「必要性」の判断は、「具体性」の高いものとしてなされているということである。

「最低生活の保障」の「負担」について［「抽象性」と「具体性」］という枠組みで捉える

　細かい制度的なことはさておき、私たちは、「最低生活の保障」の「費用」の「負担」について、どのようなものとして位置付けているのであろうか？前提的なこととして理解しておかなければならないことは、「最低生活の保障」を必要としている人々（当人）が、①社会保険の「費用」＝「保険料」の「負担」に対応しづらい経済的状況にあることであり、さらには、②生活保護の費用＝「税」＝の「負担」にも参加しづらい経済的状況にあることについてである。ただし、このことは、当人が「最低生活の保障」が必要となった時点において、「そのような状態にある」ということの判断の結果にとどまるものであり、その状態は固定的なものではない。そのような状態に陥った人であっても、かつては、（自分以外の人のための）「負担」を行っていたかもしれない。さらには、消費税は「負担」しているだろう。受給のその時点で「そのような状態にある」としても、将来は「負担」をする立場になるかもしれない。それにもかかわらず、私たちは、「最低生活の保障」が必要となった（時点での）ことを固定的なことのように考えて、「負担」を位置付けしてしまうことになることが多い。結果として、せっかく、人々が「税」を通じて「連帯」の基礎を作っているにもかかわらず、「最低生活の保障」を必要としている人々が「負担」に参加できない状態にあることから、「最低生活の保障」が必要となった時点での事柄に限定され、「最低生活の保障」の「負担」は抽象化されたありようで姿を現すこととなる。

　「最低生活の保障」の「費用」＝「税」＝の「負担」に欠落しているのは、今はそうでなくても、自分も「最低生活の保障」が必要な状態になることがある＝具体的にそのようになることがある＝という位置づけである。

「最低生活の保障」の「給付」について[「抽象性」と「具体性」]という枠組みで捉える

　「最低生活の保障」の「給付」は、「現象の形態のありよう」で捉えてみるなら、[「抽象性」と「具体性」]の組み合わせとなって表れる。これが、私たちの思考を混乱させることになる。もう少し具体的にいうなら、①「給付」の基礎をなす「基準」は、(あらかじめ定められているので)「抽象性」の高いものであり、しかし、②ソレを当てはめる場合は、(所得の多寡など個々のケースが扶助額を左右するので)、極めて「具体性」の高いものとしてあらわれる。

　前にも見たように、生活保護法の第8条は「保護は、厚生労働大臣の定める基準により測定した要保護者の需要を基とし、そのうち、その者の金銭又は物品で満たすことのできない不足分を補う程度において行うものとする」(第1項)としている。これは、「抽象性」の高いものである。しかし、「前項の基準は、要保護者の年齢別、性別、世帯構成別、所在地域別その他保護の種類に応じて必要な事情を考慮した最低限度の生活の需要を満たすに十分なものであつて、且つ、これをこえないものでなければならない」(同2項)としていることによって、個々の場面では、極めて「具体性」の高いものとしてあらわれるのである。具体的場面を想定してみよう。Aさんたちにわずかではあるが年金やその他の所得があるとすれば、それらを合算(控除の制度もある)するなどして、「最低生活基準」に満たない部分が、「生活保護」として支給されるということである。年金制度と生活保護制度は、そもそも制度の趣旨が異なっているので、安易に比較して、間違っても、「年金」よりも「生活保護」が高いなどと考えないことだ。どうしても比較したいのであれば、「最低生活基準」と、それよりも低額な「年金額」ということになるであろう。

「最低生活の保障」の［「負担」と「給付」］の関係を「現象の形態のありよう」で捉える（まとめ）

　「最低生活の保障」についての［「負担」と「給付」］の関係を「現象の形態のありよう」という枠組みで捉えてみよう。作業手順は以下のようなものである。すなわち、①横軸を設置する。②「現象の形態のありよう」という意味で「近代市民法」的な性格を有する「極」＝「抽象性」を軸の左側に設定して、③軸の右側にそれとは対照的な（「社会保障法」的な）性格を有する「極」＝「具体性」を設定して、④「最低生活の保障」における［「負担」と「給付」］の関係を、「位置づけする対象」としてその軸の上に置く、というものである。

　「最低生活の保障」について、［「負担」と「給付」］を接合させるような意味合いが強いものとして意識や制度があるとすれば、それは、軸の左側に位置付けされることとなる。［「負担」と「給付」］を切断させるようなものとしての意味合いが強いものとして意識や制度があれば、それは、軸の右側に位置付けされることとなる。

　日本の社会保障の中軸をなしているものが社会保険制度であることから、社会保障巡る人々の意識は、［「負担」と「給付」］を接合させる傾向を有する。このように考えること自体が、正確なことにはなっていないのだが、そのような感覚は、ソレにとどまらずに、「負担」できないという状態にある人々についての「最低生活の保障」について、［「負担」していないのに「受給」している］という感覚を生み出すことになってしまう。実際の制度についてみれば、生活保護については［「負担」と「給付」］との関係は切断されていることから、制度上は、「最低生活の保障」の［「負担」と「給付」］の関係は、軸上の右側に位置＝「具体性」を確保＝しているものの、軸上の左側に位置＝「抽象性」を確保＝させるという意識を持っている人々がいることも否定できない。

「現象の形態のありよう」についての補足テーマ——練習

[「機会の平等」=「抽象性」] と [「結果の平等」=「具体性」]

　「平等」について、[「抽象性」と「具体性」] との関係が理解しやすい典型的な発言を国会の議事録を手掛かりにして取り上げてみよう。

＊　＊　＊

　さて、第三に、私がつくっていただきたい国なんですが、これは総理に伺います。

　まず、行き過ぎた結果平等というものを排して、機会の平等が保障される社会というものをつくっていただきたいと思います。私は、ジェラシーに立脚した政策というものが余りにもふえ過ぎると、すぐれた人材も企業も育たないと思っております。過去の格差社会論の過熱から分配政策ばかりが歓迎されるようになって、リスクをとって努力をしている人や企業、こういった方々がたたかれて、反対に、伸びるモチベーションを奪い取る政治というものが続いたんじゃないかと思っております。

　むしろ、将来に向けては、教育政策にしても税制などにしても、出るくいを伸ばす発想、それから機会平等を保障する制度設計への移行というものが、日本の競争力を高め、産業空洞化を防ぎ、そしてまた多くの国民の所得をふやすことにつながるのではないかと私は考えております。

　大変理念的なことではございますけれども、今後の政策設計にかかわることでございますので、総理のお考えを伺います。[高市委員（当時）][010／013] 183－衆－予算委員会－9号　平成25年03月07日（国会会議録検索システム・http://kokkai.ndl.go.jp/……2016年2月19日アクセス）

＊　＊　＊

　この発言に対しての、安倍内閣総理大臣（当時）の発言は次のような

ものであった。

　　　　　　　　　＊　　＊　　＊

　まさに今、高市委員が指摘をされた、頑張った人が報われる社会。我々は選挙を通じて、頑張った人が報われる、流した汗が報われる真っ当な社会を取り戻す、これが自由民主党の大きなテーマであります。そのことを国民の皆様に御評価をいただいて我々は政権に戻ることができた、こう思っています。

　つまり、まさに誰にでもチャンスがある、そういう社会をつくっていくことがまず大前提であります。男性であろうが女性であろうが、年をとっていようが、あるいはまた障害があっても、誰にでもチャンスがある。

　今、生き方が多様化している中において、その考え方によって差別されることもない、そういう社会をつくっていく必要があるんだろう。そういうダイナミックな社会こそが、将来成長していく、そういう未来を手に入れることができると思います。

　ただ、もちろん、人は時によって、頑張っても、不幸にしてどうしても生活の基盤を失ってしまう場合があります。そういう方々に対しては、しっかりとセーフティーネットを張って、これはみんなで助け合っていく、こういう共助の精神とともに、誰にでもチャンスのある、結果平等ではないという社会をつくっていきたい。自助自立の精神を大切にする社会、頑張った人が報われる真っ当な社会をつくるために我々は全力を挙げていきたいと思っております。［安倍内閣総理大臣（当時）］［010／013］183－衆－予算委員会－9号平成25年03月07日（国会会議録検索システム・http://kokkai.ndl.go.jp/……2016年2月19日アクセス）

第6部

「ありよう枠組みの組み合わせ」という枠組みで捉える（まとめ）
―― 「応用問題」で「議論の構造」を捉え「再構成」する ――

第6部の全体像

　第6部では、なじみのある「具体的テーマ」を「応用問題」として幾つか設定し、それらの設定された「応用問題」について、5部までで見てきた〈「ありよう枠組みの組み合わせ」という枠組み〉で捉えることになる。例えば、①「責任のありよう」と、②「意思のありよう」とを組み合わせて、なされている議論に潜む「構造」を「再構成」するわけである。

（図）「責任のありよう」と「意思のありよう」の組み合わせ

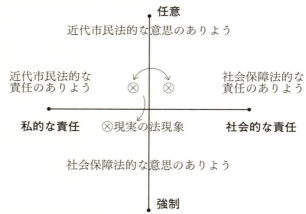

　「応用問題」として設定する際に念頭に置いたことは、①読者にとって、テーマがよく知られていることであり、②そのテーマについての「議論」が（一見）複数ありながらも、「ありよう」という枠組みで捉えるなら「なるほど」となりやすいものであるということである。

　最初に扱うものは「生活保護を巡る議論」である。これを取り上げた理由は、①実際の制度が動いていることであり、②その動きの特色を上手く表現できるのが「ありようという枠組み」であるということにある。

2番目に取り上げたものは「損得勘定／年金（保険）を巡る議論」である。社会保険をめぐる議論ありようが、とりわけ年金（保険）を巡る議論において錯綜しており、それを上手く整理できるのが「ありようという枠組み」であるということにある。

3番目に取り上げたものは「介護保険を巡る議論」である。介護保険をめぐる議論が、前提となる制度の理解なしになされているきらいがあり、個人的な「あるべき論」や「個人的経験」を背景としたものが多く見られる、ということが理由である。

4番目に取り上げたものは「高齢者の医療保障を巡る議論」である。「高齢者の医療保障」についての議論で不可欠となる「医療保障制度の歴史的経緯」という前提の理解なしに、「与野党」、「マスコミ」、「研究者」の多くが論を展開していることが理由である。

5番目に取り上げたものは「［議論の構造］である。その理由は、「国会」での議論や「世論」としての議論の中に、見えにくいものではあっても、「ありよう」が潜んでいるからである。

第6部の具体的な構成

第1章 「ありよう枠組みの組み合わせ」で「生活保護を巡る議論」を捉え「再構成」する

第2章 「ありよう枠組みの組み合わせ」で「損得勘定のような議論」を捉え「再構成」する

第3章 「ありよう枠組みの組み合わせ」で「介護保険を巡る議論」を捉え「再構成」する

第4章 「ありよう枠組みの組み合わせ」で「高齢者の医療保障を巡る議論」を捉え「再構成」する

第5章 「ありよう枠組みの組み合わせ」で［議論の構造］を捉え「再構成」する

「ありよう枠組みの組み合わせ」で「生活保護を巡る議論」を捉え「再構成」する

テーマの設定

ある程度の知識があっても、[「生活保護で生活している人」のほうが、「年金で生活している人」よりもたくさんもらっているという発言]になってしまうことがある。比較しているものは、「生活保護で生活している人」と「年金で生活している人」の受給している「金額」ということなのだが、制度を具体的に適用すれば、「そのような結果になることもあるし」、「そうでないこともある」ということなので、この発言の不正確さをここで指摘することはしない（字数は貴重だ）。重要なことは、そのような感覚を生み出す構造に迫ることである。二つの給付は、確かに「量的」なものであり比較できそうである。しかし、実際には比較になじむものではない。「年金（保険）制度」の「ありよう」は、「公的扶助」の「ありよう」とは異なるものとして存在しているからである。

この章でフォローすることの道筋

I　目　的
II　「ありよう枠組みの組み合わせ」で「生活保護を巡る議論」を捉え「再構成」することとは
III　[「関係のありよう」と「責任のありよう」の組み合わせ]で「〈自立の助長〉を巡る議論」を捉え「再構成」する
IV　[「関係のありよう」と「意思のありよう」の組み合わせ]で「〈世帯単位の原則〉を巡る議論」を捉え「再構成」する
V　[「責任のありよう」と「意思のありよう」の組み合わせ]で「〈補足性の原理〉を巡る議論」を捉え「再構成」する

[目的]――「ありよう枠組みの組み合わせ」で「生活保護を巡る議論」を捉え「再構成」すること

　ある事柄についての議論をするにあたって、正確な「前提的知識」があることに越したことはない。ところが、テレビや新聞等を見ていると、「不正確さを基盤とした言説」が、結構まかり通っている。これらについては、「それは間違っている」と指摘することも大切であるが、実は、それ以上に大切なことがある。それは、（あなたは嫌かもしれないが）［「不正確さを基盤とした言説」があるという事実］を承認することである。こだわるべきことは、同次元的に「それは間違っている」と指摘することについてではなくて、［「それは間違っている」というようなこと］が、なぜ生じるのか、ということについてである。その場合になされるべきことは、①実際の制度というものが、どのような「ありよう」で存在しているのか、について探求することであり、②そのような議論をもっともらしくさせていることの後ろ盾になっているモノを探り当てることである。ということから、力を発揮してもらうのが、「ありよう枠組みの組み合わせ」で生活保護を巡る議論を捉え「再構成」するという方法である。

　まずは、「ありよう枠組みの組み合わせ」で生活保護を巡る議論を捉え「再構成」することとはどのようなことなのかについて、もう少し詳しく触れ、次に、「自立の助長」がどのように存在しているのかを捉える。そして、「世帯単位の原則」がどのように存在しているのかを捉え、最後に、「補足性の原理」がどのように存在しているのかを捉えることによって、「不正確さを基盤とした言説」に挑んでみよう。「生活保護制度」の基本となる幾つかを題材としてとりあげ、最終的には、「ありよう枠組みの組み合わせ」で「生活保護を巡る議論」を捉え「再構成」することがここでの目的である。

「ありよう枠組みの組み合わせ」で「生活保護を巡る議論」を捉え「再構成」することとは

　「ありよう枠組みの組み合わせ」で生活保護を巡る議論を捉え「再構成」することとはどのようなことであろうか。まずは、[「責任のありよう」と「意思のありよう」の組み合わせ]で試してみよう。

　まずは横軸。①横軸の左の「極」には、「責任のありよう」という意味で「近代市民法」的な性格を有する「極」＝「私的な責任」を軸の左側に設定して、②軸の右側に、それとは対照的な（「社会保障法」的な）性格を有する「極」＝「社会的な責任」を設定して、③「位置づけする対象」として、「生活保護を巡る議論」をその軸の上に置く、というものである。そして縦軸。①縦軸の上の「極」には、「意思のありよう」という意味で「近代市民法」的な性格を有する「極」＝「任意」を軸の上側に設定して、②軸の下側に、それとは対照的な（「社会保障法」的な）性格を有する「極」＝「強制」を設定して、③「位置づけする対象」として、「生活保護を巡る議論」をその軸の上に置く、というものである。この横軸と縦軸で作られた枠組みによって、たとえば「保護の開始」の「ありよう」を捉えるわけである。生活保護法はその第25条で「保護の実施機関は、要保護者が急迫した状況にあるときは、すみやかに、職権をもつて保護の種類、程度及び方法を決定し、保護を開始しなければならない」としている。職権保護といわれるものであるが、「原則」は「申請保護」といわれるもので、それは、「保護は、要保護者、その扶養義務者又はその他の同居の親族の申請に基いて開始するものとする。但し、要保護者が急迫した状況にあるときは、保護の申請がなくても、必要な保護を行うことができる」（7条）というものである。[「保護の開始」の「ありよう」]は右下に行きそうであるが、常に左上に向かって揺らいでいる。

[「関係のありよう」と「責任のありよう」の組み合わせ]で「〈自立の助長〉を巡る議論」を捉え「再構成」する

　「自立の助長」（生活保護法第1条）といっても、（ウルトラ）極端に言えば、ソレ自体は「Jiritsunojocho」でもあるので、様々な意味を込められて使用されることになる。「自立の助長」という言葉に、例えば、①「生活保護制度を利用しなくても良いようになること」というように意味付与することもできるし、また、②家族の私的な扶養などに依存せずに、自分の選んだ生活を実現する＝自立する＝ことを「助長」することが、生活保護の目的であるというように意味付与することもできる。

　[「関係のありよう」と「責任のありよう」の組み合わせ]によって、前者のように意味を賦与された「自立の助長」を捉えるなら、生活保護法の第1条が掲げる「法の目的」は、「分断・排除」と「私的な責任」の個所＝枠組みの左上に位置づけされるものとなる。それに対して、後者のように意味を賦与された「自立の助長」を捉えるなら、「連帯」と「社会的な責任」の個所＝枠組みの右下に位置づけされるものとなる。このように、[「関係のありよう」と「責任のありよう」の組み合わせ]によって捉えるなら、「自立の助長」に込められる意味と議論は、たんに「好き」／「嫌い」という次元で存在しているのではなく、それなりの位置関係を与えられるモノとして存在していることが見えてくる。私たちの日常会話や、私たちの感覚、マスコミの論調、そして、議会でのやり取りを、このような枠組み設定によって捉えると、その「ありよう」が確信犯的であったり、ブレたりしていることが見えることになる。時々は、自分の中に秘んでいるダブルスタンダードがあからさまになるので、鏡ではないが、自分を見返す際にはなかなか役に立つ。

[「関係のありよう」と「意思のありよう」の組み合わせ]で「〈世帯単位の原則〉を巡る議論」を捉え「再構成」する

　生活保護法の第10条は「保護は、世帯を単位としてその要否及び程度を定めるものとする。但し、これによりがたいときは、個人を単位として定めることができる」としている。これは「世帯単位の原則」といわれるものであるが、これを巡る議論を[「関係のありよう」と「意思のありよう」の組み合わせ]で捉え「再構成」してみよう。

　甲さん一家は親子4人で同一の世帯で暮らしていた。その世帯の一員であるAさんが大学に進学しようと考えた。Aさんは、「生活保護をもらいながら大学に行ってもいいものか……」と悩み始めた。Aさんの頭の中にあるのは、「税金のお世話になっていて、果たして大学に行ってよいものか」＝[「分断・排除」と「連帯」]についての悩みだとか、「果たして、自分たちの自由意思で決めてよいものか」＝[「任意」と「強制」]についての悩みが渦巻き始めた。(閉ざされた)私的扶養の中に、甲さんの世帯の一員であるAさんを閉じ込めて、「世帯のために、まずは、働いて」というような方向へ向かえば、「分断・排除」された「関係のありよう」が浮かび上がる。そして、「保護としてもらったものは、全く自由に消費してよい」ということになれば「任意」という「意思のありよう」が浮かび上がる。この二つの組み合わせを、①「関係のありよう」という横軸（左側の極が近代市民法の反映されたもの＝「分断・排除」）、②「意思のありよう」という縦軸（上側の極が近代市民法の反映されたもの＝「任意」）、という枠組みで捉えれば、その位置は枠組みの左上ということになる。「生活保護をもらいながら大学に行く」ということを、「連帯」と「強制」との組み合わせとして制度的に表現できれば、左上に位置しているモノを右下に移動させることができる。

6・1　「ありよう枠組みの組み合わせ」で「生活保護を巡る議論」を捉え「再構成」する

[「責任のありよう」と「意思のありよう」の組み合わせ]で「〈補足性の原理〉を巡る議論」を捉え「再構成」する

　生活保護法は「保護は、生活に困窮するものが、その利用しうる資産、能力、その他あらゆるものを、その最低限度の生活の維持のために活用することを要件として行われる」(第4条)としている。これは「補足性の原理」というものであり、公的扶助制度の性格を最もよく表わしている原理の一つであるとされている。「補足性の原理」を巡る議論は、「その利用しうる資産、能力、その他あらゆるものとは何か」というような点について生じることが多い。例えば、「将来のことを考えて、扶助として受給した金銭を蓄え、それが一定の額に達した場合」、その預貯金などを「利用しうる資産、能力、その他あらゆるもの」として考えるか、というようなことをめぐって法的紛争は生じることになる。

　このことを[「責任のありよう」と「意思のありよう」の組み合わせ]で捉えてみよう。設定される枠組みは、①「責任のありよう」という横軸（左側の極が近代市民法の反映されたもの＝「私的な責任」）、②「意思のありよう」という縦軸（上側の極が近代市民法の反映されたもの＝「任意」）、というものである。この枠組みに、「子どもの将来のことを考えて、いったん受給した金銭を蓄え、それが一定の額に達した場合」を位置づけするのである。もし、「それが、利用しうる資産、能力、その他あらゆるものにあたる」ので「保護を変更」をするということであれば、ここで機能を発揮する「補足性の原理」は、①「私的な責任」と、②「強制」（＝「任意」性の排除）というようなことになり、それは枠組みの左下に位置することになる。

　枠組みの「左上」か「右下」かというようなわかりやすい構造の場合は政策論議の対象となりやすいが、「左下」や「右上」という具合にそれが崩れた場合には法的紛争が生じることになる。

「ありよう枠組みの組み合わせ」で「損得勘定のような議論」を捉え「再構成」する

テーマの設定

[「賛成」か「反対」か] は別として、年金を巡る議論を「枠組み」で捉え、議論がどのように推移しているのかを構造的に捉えることは大切なことである。思い起こせば、2004年の年金大改革での議論には、数多くの考えることのできる素材があった。その一つが「払った分だけもらえるのか？」というような、「損得勘定」とも思えるものであった。しかし、これは社会保障における年金とは？を問うものでもあった。この「損得勘定」のような議論は、私の好みではない。とはいっても、「損得勘定」には、社会保障における年金とは「何」か、についての独特の位置付けがある。従って、何らかの説得力があるように聞こえてしまうのである。そのような中で「年金は大丈夫？」だとか、「団塊の世代が」だとかいわれると、「うーん」となってしまう。年金大改革から10年、議論の様相が構造的に変容した。

この章でフォローすることの道筋
I 目 的
II 「ありよう枠組みの組み合わせ」で「〈損得勘定〉のような議論」を捉え「再構成」することとは
III [「関係のありよう」と「責任のありよう」の組み合わせ]で「〈払った分だけもらえるのか？〉を巡る議論」を捉え「再構成」する
IV [「関係のありよう」と「意思のありよう」の組み合わせ]で「〈二重払い〉を巡る議論」を捉え「再構成」する
V [「責任のありよう」と「意思のありよう」の組み合わせ]で「〈遺族年金〉を巡る議論」を捉え「再構成」する

[目的]──「ありよう枠組みの組み合わせ」で「損得勘定のような議論」を捉え「再構成」すること

　「ありよう枠組みの組み合わせ」で年金を巡る「損得勘定のような議論」を捉え「再構成」することについて、しばらくお付き合いいただきたい。「年金についての損得勘定論」というような、社会に蔓延している「不正確さを基盤とした言説」については、「それは間違っている」と指摘すること以上に大切なことがある。それは、①［「不正確さを基盤とした言説」が存在しているという事実］を承認し、②なぜ、［「それは間違っている」というようなこと］が生じるのか、ということについての解明である。すなわち、［「間違っている」というようなこと］であっても、「もっともらしく存在させること」の後ろ盾になっているモノを探り当てることが大切なのである。いろいろあるだろうが、「ありよう枠組みの組み合わせ」で「損得勘定のような議論」を捉え「再構成」するという方法は有用だ。

　まずは、「ありよう枠組みの組み合わせ」で「損得勘定のような議論」を捉え「再構成」することとはとはどのようなことなのかについて、もう少し詳しく触れ、次に、［「関係のありよう」と「責任のありよう」の組み合わせ］で「払った分だけもらえるのか？」を巡る議論を捉え「再構成」する。そして、［「関係のありよう」と「意思のありよう」の組み合わせ］で「二重払い」を巡る議論を捉え「再構成」する。最後に、［「責任のありよう」と「意思のありよう」の組み合わせ］で「遺族年金」を巡る議論を捉え「再構成」する。これらの作業によって「不正確さを基盤とした言説」に挑んでみよう。「年金（保険）制度」の基本に関わる幾つかを題材としてとりあげ、最終的には、「ありよう枠組みの組み合わせ」で「損得勘定のような議論」を捉え「再構成」することがここでの目的である。

「ありよう枠組みの組み合わせ」で「〈損得勘定〉のような議論」を捉え「再構成」することとは

　「ありよう枠組みの組み合わせ」で「損得勘定のような議論」を捉え「再構成」することとはどのようなことであろうか。まずは、[「責任のありよう」と「意思のありよう」の組み合わせ]で試してみよう。

　まずは横軸。①横軸の左の「極」には、「責任のありよう」という意味で「近代市民法」的な性格を有する「極」＝「私的な責任」を軸の左側に設定して、②軸の右側に、それとは対照的な（「社会保障法」的な）性格を有する「極」＝「社会的な責任」を設定して、③「位置づけする対象」として、「損得勘定のような議論」をその軸の上に置く、というものである。そして縦軸。①縦軸の上の「極」には、「意思のありよう」という意味で「近代市民法」的な性格を有する「極」＝「任意」を軸の上側に設定して、②軸の下側に、それとは対照的な（「社会保障法」的な）性格を有する「極」＝「強制」を設定して、③「位置づけする対象」として、「損得勘定のような議論」をその軸の上に置く、というものである。この横軸と縦軸で作られた枠組みによって、たとえば、[「(保険料)負担」と「給付」の関係]を捉えるわけである。

　「損得勘定のような議論」を成り立たしめているのは、「納めた分だけもらえるのか」ということであるから、[「(保険料)負担」と「給付」]は強力に結びついていることが基盤にある。それは、あたかも民間保険にみられる保険の商品のようである。「責任のありよう」でいえば「私的な責任」であるかのように位置づけされ、そして、「意思のありよう」は「任意」性の強いものとなっている。この両者が組み合わせられた「損得勘定のような議論」の「ありよう」は見事に左上に位置することになる。

[「関係のありよう」と「責任のありよう」の組み合わせ]で[〈払った分だけもらえるのか?〉を巡る議論]を捉え「再構成」する

　まずは横軸。①横軸の左の「極」には、「関係のありよう」という意味で「近代市民法」的な性格を有する「極」=「分断・排除」を軸の左側に設定して、②軸の右側に、それとは対照的な(「社会保障法」的な)性格を有する「極」=「連帯」を設定する。そして縦軸。①縦軸の上の「極」には、「責任のありよう」という意味で「近代市民法」的な性格を有する「極」=「私的な責任」を軸の上側に設定して、②軸の下側に、それとは対照的な(「社会保障法」的な)性格を有する「極」=「社会的な責任」を設定する。この横軸と縦軸で作られた枠組みによって、たとえば、「払った分だけもらえるのか?」=[「(保険料)負担」と「給付」の関係]を捉えるわけである。

　「払った分だけもらえるのか?」が登場するのは、保険料「負担」を、将来、自分が受給することとの関係で意味づけすることの結果である。従って、[「(保険料)負担」と「給付」]は、属人的に強力に結びつくことになる。前に見た「損得勘定のような議論」の「ありよう」と同様に、「払った分だけもらえるのか?」は見事に枠組みの左上に位置することになる。

　しかし、実際には、「障害(基礎・厚生)年金」や「遺族(基礎・厚生)年金」が存在しているし、国民年金では、保険料全額免除期間の月数は、二分の一の月数としてカウントされ、給付額に反映されることになっている。そうすると、年金給付の支給要件にみられる「〇〇年」というものの中には、「自らの受給のため」ということばかりではなく、「社会的な義務」のような意味も込められていることになる。これらの点が強調されると、[「(保険料)負担」と「給付」の関係]は、その位置を右下に移行させることになる。

[「関係のありよう」と「意思のありよう」の組み合わせ]で「〈二重払い〉を巡る議論」を捉え「再構成」する

　まずは横軸。①横軸の左の「極」には、「関係のありよう」という意味で「近代市民法」的な性格を有する「極」＝「分断・排除」を軸の左側に設定して、②軸の右側に、それとは対照的な（「社会保障法」的な）性格を有する「極」＝「連帯」を設定する。そして縦軸。①縦軸の上の「極」には、「意思のありよう」という意味で「近代市民法」的な性格を有する「極」＝「任意」を軸の上側に設定して、②軸の下側に、それとは対照的な（「社会保障法」的な）性格を有する「極」＝「強制」を設定する。この横軸と縦軸で作られた枠組みによって、少し以前の議事録による発言を捉えてみよう。それは「……民主党が考えているようにすべて税金で賄うということにしたときに、私は、大きな不公平が生じるのではないだろうか、こう思うわけであります。二十から年金受給に至るまで営々と四十年以上年金をまじめに払い続けた人たち、そしてまたもうすぐ年金をもらおうとしている人たち、この皆さんは、ずっとまじめにこつこつと年金を払い、そしてその年金制度、保険制度の対価として給付を受ける、こういうことになるわけであります。……」というものである（第159回国会衆議院「衆議院・厚生労働委員会議録」第9号・3ページ）。この発言は、2016年5月の時点で首相を務めている「安倍晋三」（当時委員）によって、2004年の年金大改革の際になされたものである。ここから読み取れるものは、「一度おさめた者はもうおさめる必要はない」というものであり、年金は「出したから貰える」という属人的なものであって、人々が連帯して相互に扶助する＝「可能な人が負担」して、「必要な人が受給」するという＝というものではない。枠組みの中での位置は左上ということになる。

[「責任のありよう」と「意思のありよう」の組み合わせ]で「〈遺族年金〉を巡る議論」を捉え「再構成」する

　まずは横軸。①横軸の左の「極」には、「責任のありよう」という意味で「近代市民法」的な性格を有する「極」＝「私的な責任」を軸の左側に設定して、②軸の右側に、それとは対照的な（「社会保障法」的な）性格を有する「極」＝「社会的な責任」を設定する。そして縦軸。①縦軸の上の「極」には、「意思のありよう」という意味で「近代市民法」的な性格を有する「極」＝「任意」を軸の上側に設定して、②軸の下側に、それとは対照的な（「社会保障法」的な）性格を有する「極」＝「強制」を設定する。この横軸と縦軸で作られた枠組みによって、〈遺族年金」を巡る議論〉を捉えてみよう。

　「老齢について支給される年金」に潜む「出したから貰える」というような構造は、「遺族年金」には見られない。その意味で、社会保障における遺族年金の位置をどのように描くかは重要であるし、社会保障を構造的に捉える訓練にもなる。現代日本の年金（保険）制度では、遺族年金は、①「被保険者の死亡」、②「死亡した被保険者に扶養されていた者」という具合に、「所得の保障が必要な状態にある人々」をあらかじめ類型化して、それに該当した場合に「遺族」となるとしている（例えば、国民年金法37条・37条の2）。極端に言えば、「被保険者として一度も負担したことのない小さな子供」が「遺族年金」の受給権者になることがあるのである。そこでの主体は、①「私的な責任＝私的扶養」が期待できない状態にあり、かつ、②自分で選択するなどの「任意性」から排除されることが多い人、ということになる。制度的にみれば、「遺族年金」の位置は、枠組みの中で右下ということになる。しかし、私的扶養を強調することになると「遺族年金」を巡る議論は左上の方向に揺らぐことになる。

「ありよう枠組みの組み合わせ」で「介護保険を巡る議論」を捉え「再構成」する

テーマの設定

あれから 20 年近くがたち「介護保険」に対する人々の考え方も変わってきた。制度創設時において言われたことは、「ヘルパーさんのような第三者が家に入るのは恥だ」というような理由から、要介護の状態であっても、制度利用をする人は限定的なのではないか……というようなことであった。そして、[介護保険を積極的に利用することによって、「要介護度が軽減」し、上手くすれば「自立（に近い）状態」になるので、結果的に保険料は安くなる] なんてことも言われていた。確かに、積極的に利用することには結び付いた。ところが、保険料は安くなるどころか、倍増である。制度創設時の平均的な保険料（第一号被保険者の基準額）は 3000 円弱（月額）であった。2016 年段階で 6000 円程度と倍増した。「予防」や「筋トレ」はどうなったのだ。改めて考えてみれば、「介護保険」の導入とは何だったのだろうか。

この章でフォローすることの道筋
Ⅰ 目　的
Ⅱ ［「関係のありよう」と「責任のありよう」の組み合わせ］で「〈被保険者の年齢〉を巡る議論」を捉え「再構成」する
Ⅲ ［「関係のありよう」と「責任のありよう」の組み合わせ］で「〈保険事故と保険給付の形態〉を巡る議論」を捉え「再構成」する
Ⅳ ［「関係のありよう」と「意思のありよう」の組み合わせ］で「〈予防給付〉を巡る議論」を捉え「再構成」する
Ⅴ ［「責任のありよう」と「意思のありよう」の組み合わせ］で「〈「措置」から「契約」へ〉を巡る議論」を捉え「再構成」する

[目的]――「ありよう枠組みの組み合わせ」で「介護保険を巡る議論」を捉え「再構成」すること

「(分断された)個々人の問題」のように描かれていた「高齢者の問題」は、高齢化の進展により、「高齢化」がもたらす「社会的なテーマ」へと変容した。その事との関係で、多様化した高齢者のニーズに対応可能なサービスが求められるようになり、高齢者が選択権を行使できることの必要性が認識されるようになってきた。その結果、行政による「措置」ではなく、高齢者も市民として契約締結の主体となることが望ましいと考えられるようになったのである。

一見するときれいな図式ではある。私としては51％くらい（？）は賛成である。ただし、ここで行うことは「〈賛成〉〈反対〉」ということではない。例えば、「意思のありよう」で捉えれば、〈「措置」から「契約」へ〉は〈「強制」から「任意」へ〉ということになる。このように、ここで行うのは、導入された介護保険を巡る議論がどのようなものであるのかについて、「ありよう枠組みの組み合わせ」で捉え「再構成」することである。

まずは、[「関係のありよう」と「責任のありよう」の組み合わせ]で「〈被保険者の年齢〉を巡る議論」を捉え「再構成」する。次に、[「関係のありよう」と「責任のありよう」の組み合わせ]で「〈保険事故と保険給付の形態〉を巡る議論」を捉え「再構成」する。そして、[「関係のありよう」と「意思のありよう」の組み合わせ]で「〈予防給付〉を巡る議論」を捉え「再構成」する。最後に、[「責任のありよう」と「意思のありよう」の組み合わせ]で「〈「措置」から「契約」へ〉を巡る議論」を捉え「再構成」する。これらの作業によって、最終的には、「ありよう枠組みの組み合わせ」で「介護保険を巡る議論」を捉え「再構成」することが、ここでの目的である。

[「関係のありよう」と「責任のありよう」の組み合わせ]で「〈被保険者の年齢〉を巡る議論」を捉え「再構成」する

まずは横軸。①横軸の左の「極」には、「関係のありよう」という意味で「近代市民法」的な性格を有する「極」＝「分断・排除」を軸の左側に設定して、②軸の右側に、それとは対照的な（「社会保障法」的な）性格を有する「極」＝「連帯」を設定する。そして縦軸。①縦軸の上の「極」には、「責任のありよう」という意味で「近代市民法」的な性格を有する「極」＝「私的な責任」を軸の上側に設定して、②軸の下側に、それとは対照的な（「社会保障法」的な）性格を有する「極」＝「社会的な責任」を設定する。この横軸と縦軸で作られた枠組みによって、「〈被保険者の年齢〉を巡る議論」を捉えるわけである。

介護保険の被保険者を誰にするのかについての考え方は、賛否はともあれ、介護保険法が「加齢に伴って生ずる心身の変化に起因する疾病等により要介護状態となり……」（第1条）としていることに現れている。すなわち、ここに見られる制度の基本的考え方は、[「若いときの事故による障害」などではない介護の必要な状態]を想定しているということである。このことを「関係のありよう」という枠組みで捉えれば、「近代市民法」的な性格を有する「極」＝「分断・排除」に位置することになる。そして、[（数的には多い）「若いときには介護が必要とされなかった人」]が[年をとるとともに介護が必要となる]という（一般化された）ことを想定していることから、「責任のありよう」という枠組みでは、（「社会保障法」的な）性格を有する「社会的な責任」に位置することになる。[「関係のありよう」と「責任のありよう」の組み合わせ]で捉えれば、「〈被保険者の年齢〉を巡る議論」は、枠組みの「左下」のあたりで揺らいでいる。

[「関係のありよう」と「責任のありよう」の組み合わせ] で「〈保険事故と保険給付の形態〉を巡る議論」を捉え「再構成」する

　まずは横軸。①横軸の左の「極」には、「関係のありよう」という意味で「近代市民法」的な性格を有する「極」＝「分断・排除」を軸の左側に設定して、②軸の右側に、それとは対照的な（「社会保障法」的な）性格を有する「極」＝「連帯」を設定する。そして縦軸。①縦軸の上の「極」には、「責任のありよう」という意味で「近代市民法」的な性格を有する「極」＝「私的な責任」を軸の上側に設定して、②軸の下側に、それとは対照的な（「社会保障法」的な）性格を有する「極」＝「社会的な責任」を設定する。この横軸と縦軸で作られた枠組みによって、「〈保険事故と保険給付の形態〉を巡る議論」を捉えるわけである。

　介護保険法の41条1項は、「市町村は、要介護認定を受けた被保険者のうち居宅において介護を受けるもの…が、都道府県知事が指定する者…から当該指定に係る居宅サービス事業を行う事業所により行われる居宅サービス…を受けたときは、当該居宅要介護被保険者に対し、当該指定居宅サービスに要した費用…について、居宅介護サービス費を支給する」としている。給付の形態は原則として「償還制」とされているのである。そうすると、そのような「介護保険の給付」が想定している「保険事故」とは「（要件を満たした）支出」であるということになってくる。これに対しては、「支出をしようと思っても、事業者がなければ『契約』は結べない。介護の給付という現物が確保されないのはけしからん」という（そもそも論的な）反論がある。[「関係のありよう」と「責任のありよう」の組み合わせ] で捉えれば、ここに見られるような「〈保険事故と保険給付の形態〉を巡る議論」は、枠組みの「左上」と「右下」の間で常に揺らいでいる。

[「関係のありよう」と「意思のありよう」の組み合わせ］で「〈予防給付〉を巡る議論」を捉え「再構成」する

　まずは横軸。①横軸の左の「極」には、「関係のありよう」という意味で「近代市民法」的な性格を有する「極」＝「分断・排除」を軸の左側に設定して、②軸の右側に、それとは対照的な（「社会保障法」的な）性格を有する「極」＝「連帯」を設定する。そして縦軸。①縦軸の上の「極」には、「意思のありよう」という意味で「近代市民法」的な性格を有する「極」＝「任意」を軸の上側に設定して、②軸の下側に、それとは対照的な（「社会保障法」的な）性格を有する「極」＝「強制」を設定する。この横軸と縦軸で作られた枠組みによって、「〈予防給付〉を巡る議論」を捉えるわけである。

　「新予防給付」や「市町村事業の対象となるもの」等に見られるグレーゾーンには、特に注目しなければならない。その理由は、その時点では「要支援ではない」ものの、「いずれ該当する」という脈絡で、「支出のための正当性」を有しているかのようにされてしまうからである。ここにあるのは、将来的には「保険事故の対象となることは避けられない」にもかかわらず、「未だ、生じていないこと」を、例えば、「いずれ生じるであろうということが生じている」という具合に、介護保険制度の中に法的に表現することの困難さである。

　［「関係のありよう」と「意思のありよう」の組み合わせ］で、［「未だ、生じていないこと」ではあるが「いずれ生じるであろうということが生じている」ことに対応する〈予防給付〉］を捉えれば、「〈予防給付〉を巡る議論」は、枠組みの「左」と「右」＝［「分断・排除」と「連帯」］で揺らぎ、「上」と「下」＝［「任意」と「強制」］でも揺らぐという状態である。枠組みの中を混沌としたままで移動しており、結果として、議論の論点自体が定まらない状態である。

[「責任のありよう」と「意思のありよう」の組み合わせ]で〈「措置」から「契約」へ〉を巡る議論」を捉え「再構成」する

　介護保険が導入されるまでの「措置方式」を「契約方式」に転換させたことについて、[「措置」から「契約」へ]というように表現することがある。ここでは、その「〈「措置」から「契約」へ〉を巡る議論」を、[「責任のありよう」と「意思のありよう」の組み合わせ]で捉え「再構成」する。

　まずは横軸。①横軸の左の「極」には、「責任のありよう」という意味で「近代市民法」的な性格を有する「極」＝「私的な責任」を軸の左側に設定して、②軸の右側に、それとは対照的な（「社会保障法」的な）性格を有する「極」＝「社会的な責任」を設定する。そして縦軸。①縦軸の上の「極」には、「意思のありよう」という意味で「近代市民法」的な性格を有する「極」＝「任意」を軸の上側に設定して、②軸の下側に、それとは対照的な（「社会保障法」的な）性格を有する「極」＝「強制」を設定する。この横軸と縦軸で作られた枠組みによって、「〈「措置」から「契約」へ〉を巡る議論」を捉えるわけである。

　高齢者（とされる人）や障害者（とされる人）であっても、24時間、365日、「介護保険法」や「老人福祉法」などのみに拘束された生活をしているのではなく、日常生活の多くの部分は市民としての生活である、ということをベースに「契約方式」は成り立っている。[「責任のありよう」と「意思のありよう」の組み合わせ]で「〈「措置」から「契約」へ〉」を捉えれば、枠組みの「右下」にあった「措置」というものを「左上」に向けて移動させるものであるが、ソレに対する反対意見も多く、「〈「措置」から「契約」へ〉を巡る議論」は、枠組みの「右下」と「左上」の間で揺らいでいる。

「ありよう枠組みの組み合わせ」で「高齢者の医療保障を巡る議論」を捉え「再構成」する

テーマの設定

「高齢者の医療保障を巡る議論」を捉えるにあたっては、現行の「高齢者の医療の確保に関する法律」（老人保健法の名称変更を含む改正）のみに光を当てるだけでは不十分である。抽象的な「高齢者の医療保障」を念頭に置きつつも、「実際の経緯」や「前提となる実際の制度」を絡めながら、「高齢者のみを対象とした医療保険」の創設についての議論が、どのような「ありよう」で存在していたかに接近しなければならない。ここでは、①高齢者の医療保障の経緯を巡る議論、②高齢者の医療保障（一般）を巡る議論、③「高齢者の医療の確保に関する法律」を巡る議論、④「国民皆保険体制」と高齢者の医療保障との関係を巡る議論という具合に、段階的に捉える。

この章でフォローすることの道筋

I　目　的
II　[「関係のありよう」と「責任のありよう」の組み合わせ]で「〈「高齢者の医療保障」経緯〉を巡る議論」を捉え「再構成」する
III　[「関係のありよう」と「責任のありよう」の組み合わせ]で「〈高齢者の医療保障〉を巡る議論」を捉え「再構成」する
IV　[「関係のありよう」と「意思のありよう」の組み合わせ]で「〈高齢者の医療の確保に関する法律〉を巡る議論」を捉え「再構成」する
V　[「責任のありよう」と「意思のありよう」の組み合わせ]で「〈国民皆保険体制と高齢者の医療保障との関係〉を巡る議論」を捉え「再構成」する

[目的]——「ありよう枠組みの組み合わせ」で「高齢者の医療保障を巡る議論」を捉え「再構成」すること

　もし、現行の「高齢者の医療の確保に関する法律」（老人保健法の名称変更を含む改正）が存在しなかったとしたら、80歳のAさんの医療保障はどのような姿になるのであろうか。そのAさんが健康保険の適用事業所で現役で働いていたら「健康保険の被保険者」となる。退職していれば「国民健康保険の被保険者」となる。ただし、所得が少なく、子どもと同居していて、「被扶養者として認定」されれば、その子ども＝被保険者＝の「被扶養者」となる。ところが、「高齢者の医療の確保に関する法律」の施行以降、80歳のAさんは、「後期高齢者医療広域連合の区域内に住所を有する75歳以上の者」であるから、[そのこども＝被保険者＝の「被扶養者」]とはならずに、「高齢者の医療の確保に関する法律」の「後期高齢者医療広域連合が行う後期高齢者医療の被保険者」となる（50条）。このようなことを前提として、「ありよう枠組みの組み合わせ」で「高齢者の医療保障を巡る議論」を捉え「再構成」することがここでの目的である。

　確かに、財政的には、「本人の保険料」や「財政調整」を含めて、幅広い形での財源の確保をなすことになっている。「（子どもなどの被保険者の）被扶養者」となる途も閉ざされた。これは「責任のありよう」でいうなら「（わずかに残っていた）私的な責任」から「社会的な責任」への移行ともいえる。また、「意思のありよう」でいうなら「任意」から「強制」への移行ともいえる。賛否両論ある中で制度は存続している。このようなことから、[「責任のありよう」と「意思のありよう」の組み合わせ]で捉えれば、「高齢者の医療保障を巡る議論」とは、枠組みの「左上」に（わずかに）残っていた部分を「右下」に移動させることを巡っての議論ということになる。

[「関係のありよう」と「責任のありよう」の組み合わせ］で〈「高齢者の医療保障」経緯〉を巡る議論」を捉え「再構成」する

　まずは横軸。①横軸の左の「極」には、「関係のありよう」という意味で「近代市民法」的な性格を有する「極」＝「分断・排除」を軸の左側に設定して、②軸の右側に、それとは対照的な（「社会保障法」的な）性格を有する「極」＝「連帯」を設定する。そして縦軸。①縦軸の上の「極」には、「責任のありよう」という意味で「近代市民法」的な性格を有する「極」＝「私的な責任」を軸の上側に設定して、②軸の下側に、それとは対照的な（「社会保障法」的な）性格を有する「極」＝「社会的な責任」を設定する。

　老人福祉法（昭38年・法133）は医療保障を行うものではなかった。生じる諸課題に対応すべく1972年に老人福祉法等が改正され、70歳以上の高齢者の自己負担分を公費で支出するという、老人医療無料化制度が創設された。しかし、ここにも多くの課題が横たわっていたことから、82年に老人保健法（法80）が制定された。老健制度の創設は、高齢者に負担を求める制度であったことから、これについては多くの批判がなされた。ただ、①医療と保健との連携を念頭に置いた制度であったこと、②壮年期からの疾病の予防などの重要性を念頭に置いて、40歳以上の人々にも健康診査等の保健事業が行われるようになったこと、③老人保健計画の作成（市町村と都道府県の二段階）など、その意義は大きなものであった。今日の「高齢者の医療の確保に関する法律」はその延長上のものである。このような経緯でなされた「〈「高齢者の医療保障」経緯〉を巡る議論」を、横軸と縦軸の枠組みによって捉えれば、それは、①まず、枠組みの中での「左上」から「右下」への移行であり、②次に、「右下」から「（少し）左上」への移行、③そして、「下」の部分での「左右」の揺らぎということになる。

[「関係のありよう」と「責任のありよう」の組み合わせ]で「〈高齢者の医療保障〉を巡る議論」を捉え「再構成」する

　まずは横軸。①横軸の左の「極」には、「関係のありよう」という意味で「近代市民法」的な性格を有する「極」＝「分断・排除」を軸の左側に設定して、②軸の右側に、それとは対照的な（「社会保障法」的な）性格を有する「極」＝「連帯」を設定する。そして縦軸。①縦軸の上の「極」には、「責任のありよう」という意味で「近代市民法」的な性格を有する「極」＝「私的な責任」を軸の上側に設定して、②軸の下側に、それとは対照的な（「社会保障法」的な）性格を有する「極」＝「社会的な責任」を設定する。

　高齢者についての医療保障の問題は、「被用者保険の被保険者（とその被扶養者）の多くが、退職することによって国民健康保険の被保険者となる」こととの関係で問題となっていた。①被保険者の側からみれば、退職高齢者の位置は、被用者保険の被保険者から国民健康保険における被保険者への移行となる。そして、その被扶養者であった者も国民健康保険における被保険者へと移動する（あるいは、子供達と同居するなどして、被用者保険の被扶養者となる場合もありうる）。もし、ここに制度間格差が存在するとすれば、不利益が生ずる可能性があることは理解できるであろう。②このことを保険者の側から見れば、病気がちな年齢の人々（＝医療の給付に依存することが多い年齢の人々）の流入・増大であり、また、被用者保険の被保険者と同じような額の保険料を期待できない人々の増大でもある。[「関係のありよう」と「責任のありよう」の組み合わせ]で「〈高齢者の医療保障〉を巡る議論」を捉えるなら、それは、枠組みの中で「右下」に位置していたモノを巡る「左右」（＝「社会的な責任」の「「分断・排除」／「連帯」」）の揺らぎといえる。

[「関係のありよう」と「意思のありよう」の組み合わせ]で「〈高齢者の医療の確保に関する法律〉を巡る議論」を捉え「再構成」する

　まずは横軸。①横軸の左の「極」には、「関係のありよう」という意味で「近代市民法」的な性格を有する「極」＝「分断・排除」を軸の左側に設定して、②軸の右側に、それとは対照的な（「社会保障法」的な）性格を有する「極」＝「連帯」を設定する。そして縦軸。①縦軸の上の「極」には、「意思のありよう」という意味で「近代市民法」的な性格を有する「極」＝「任意」を軸の上側に設定して、②軸の下側に、それとは対照的な（「社会保障法」的な）性格を有する「極」＝「強制」を設定する。

　「高齢者の医療の確保に関する法律」とは、平成18年に行われた「健康保険法等の一部を改正する法律」によって、それまでの「老人保健法」が題名変更されたものが原型である。この法律は、①高齢期における適切な医療の確保、②医療費の適正化を推進する、③国民の共同連帯の理念等に基づき、前期高齢者に係る保険者間の費用負担の調整、後期高齢者に対する適切な医療の給付等を行うために必要な制度を設け、もって国民保健の向上及び高齢者の福祉の増進を図る、を基本的な目的として掲げている（1条）。この目的を達成するために、「国民は、自助と連帯の精神に基づき、自ら加齢に伴って生ずる心身の変化を自覚して常に健康の保持増進に努めるとともに、高齢者の医療に要する費用を公平に負担するものとする」という「基本的理念」（2条）掲げ、具体的な制度に反映させている。

　[「関係のありよう」と「意思のありよう」の組み合わせ]で「〈高齢者の医療の確保に関する法律〉を巡る議論」を捉えるなら、それは、①枠組みの中で「（ある程度）右下」に位置していたモノを、②どのようにして、さらに右下に移動させるかを巡る議論といえる。

[「責任のありよう」と「意思のありよう」の組み合わせ]で「〈国民皆保険体制と高齢者の医療保障との関係〉を巡る議論」を捉え「再構成」する

まずは横軸。①横軸の左の「極」には、「責任のありよう」という意味で「近代市民法」的な性格を有する「極」=「私的な責任」を軸の左側に設定して、②軸の右側に、それとは対照的な(「社会保障法」的な)性格を有する「極」=「社会的な責任」を設定する。そして縦軸。①縦軸の上の「極」には、「意思のありよう」という意味で「近代市民法」的な性格を有する「極」=「任意」を軸の上側に設定して、②軸の下側に、それとは対照的な(「社会保障法」的な)性格を有する「極」=「強制」を設定する。

「後期高齢者の医療保険」が創設される以前の「国民皆保険」体制では、退職した高齢者は、「市町村国保の被保険者」となることが多かった(国保法5条)。ただし、健保の被保険者や健保の被扶養者については市町村国保の適用除外(6条)とされていたことから、①高齢であっても働き続けていれば「被保険者本人」として市町村国保の適用除外とされ、②子どもと同居していて「被扶養者として認定」されれば、その子とも=被保険者=の「被扶養者」として、市町村国保の適用除外とされていた。「高齢者の医療の確保に関する法律 ……の規定による被保険者」も、このような市町村国保の適用除外される人々の中に含まれることとなった。歴史的経緯を踏まえれば、従来の位置付けとは異なる「国民皆保険」体制についての位置付けをせざるを得なくなったといえよう。

「〈国民皆保険体制と高齢者の医療保障との関係〉を巡る議論」を[「責任のありよう」と「意思のありよう」の組み合わせ]で捉えるなら、それは、①枠組みの中で「右下」に位置していたモノのそばに、②別個の「右下(のモノ)」を創設すること巡る議論といえる。

「ありよう枠組みの組み合わせ」で［議論の構造］を捉え「再構成」する

テーマの設定

　マイナンバー、消費税、待機児童等など、社会保障に関する今日的議論には華々しいものがある。このような今日的議論の華々しさとは関係ないかのように、「社会保障」に対する国民の期待は冷ややかである。これら両者の関係＝議論自体は華々しいが、それに対して国民は熱い眼差しを向けていないこと＝は深刻である。このような関係は、いったい、なぜ、出来あがってしまったのであろうか？ここでなすことは、「制度がよい」／「制度が悪い」というような「制度を巡る議論」を取り上げることではない。ここでなすことは、なされている実際の議論にみられる構造を「ありよう枠組みを組み合わせ」によって捉えて「再構成」することである。

この章でフォローすることの道筋

Ⅰ　目　的
Ⅱ　［「関係のありよう」と「責任のありよう」の組み合わせ］で［議論の構造］を捉え「再構成」する──〈「持続可能な制度（という用語）」〉
Ⅲ　［「関係のありよう」と「意思のありよう」の組み合わせ］で［議論の構造］を捉え「再構成」する──〈世論〉
Ⅳ　［「責任のありよう」と「意思のありよう」の組み合わせ］で［議論の構造］を捉え「再構成」する──〈「専門家」と「素人」との関係〉
Ⅴ　［「責任のありよう」と「意思のありよう」の組み合わせ］で［議論の構造］を捉え「再構成」する──〈「議論の構造」〉

[目的]――「ありよう枠組みの組み合わせ」で [議論の構造] を捉え「再構成」すること

「議論の構造」を捉える際に気がつかれなければならないことは、「議論の対象とされるもの」が前提的なものとして存在していることについてである。前提的な「議論の対象」が存在することより、結果的に、「生活しているさまざまな人々にとっては大切なもの」であっても、「問題として発見すらされないもの」があるということが生じる。さらには、「自分たちの生活上の具体的な問題」と「前提的なものとして設定された問題」とが混同されるという事態も発生する。その結果、「生活しているさまざまな人々」自身が、問題発見という自己決定をできなくなっているという深刻な結果を生み出す。このような事態を回避するためには、「ありよう枠組みの組み合わせ」によって [議論の構造] を捉え「再構成」することが求められる。

「議論の対象」や「議論の主体」は変容している。①まず、議論することを許される地位の（排他的）独占状態により、初期的には、「議論の対象」は固定的なものとして創出されることになるが、これはそのままの形で再生産されることにはならない。②この再生産は、大衆化した巨大な専門家集団による「新しい議論の対象」の創出過程との緊張関係を伴いつつ、「議論の対象の転移」をもたらすこととなるのである。③しかし、「議論の対象」が移転したとしても、それは質的な意味における変化を伴うものではない。なぜなら、「議論の対象の転移」をもたらす大衆化した者達は、瞬時にお色直しを済ませた「専門家」であり、（構造的には）決して、素人ではないからである。このように、①「議論をする主体」のありよう、②設定された「議論の対象」、さらには、③「世論」というものが、結果としての現実の制度形成に影響を及ぼすことになることは見落とすことはできない。

［「関係のありよう」と「責任のありよう」の組み合わせ］で［議論の構造］を捉え「再構成」する
——〈「持続可能な制度（という用語）」〉

　社会保障についての改革論議で使用されているキーワードの一つに「持続可能な制度（という用語）」がある。「持続可能性」とは、「制度を成り立たしめている基本軸が揺らがないこと」によって、結果としてもたらされるものである。それは、間違っても、「なりふり構わぬ制度維持」や「信頼感を廃棄した組織の維持」と混同されてはならない。「持続可能な制度（という用語）」を駆使して語られている議論の内容をみれば、心配の対象となっているのは「人々の生活」のことではなく、「財政的なこと」なのである。

　［「関係のありよう」と「責任のありよう」の組み合わせ］で〈「持続可能な制度（という用語）」〉を捉えてみよう。まずは枠組みの設定。横軸から。①横軸の左の「極」には、「関係のありよう」という意味で「近代市民法」的な性格を有する「極」＝「分断・排除」を軸の左側に設定して、②軸の右側に、それとは対照的な（「社会保障法」的な）性格を有する「極」＝「連帯」を設定する。そして縦軸。①縦軸の上の「極」には、「責任のありよう」という意味で「近代市民法」的な性格を有する「極」＝「私的な責任」を軸の上側に設定して、②軸の下側に、それとは対照的な（「社会保障法」的な）性格を有する「極」＝「社会的な責任」を設定する。［「関係のありよう」と「責任のありよう」の組み合わせ］で捉えるなら、〈「持続可能な制度（という用語）」〉がどのような使われ方をしているかが見えてくる。それは、①枠組みの中で「右下」に位置している（現存の）制度を維持するという「錦の御旗」の下に、制度を「左上」に移動させているにもかかわらず、あくまで「右下」にあると強弁するための造語である。

[「関係のありよう」と「意思のありよう」の組み合わせ]で[議論の構造]を捉え「再構成」する
——〈「世論」〉

「年金改革に関する有識者調査」というような調査の結果の報じられ方を観察してみれば、それらの報道が〈質問項目のありよう〉＝〈このような質問と選択肢なら、当然このような結果になる〉＝にまで及んでいないことは明らかになる。「人々が主体的に回答した」かのように見せかけたとしても、実際には、①多様な「世論」があるにもかかわらず、②「固定的な質問」しかないので、③「与えられた問い」にしか答えられない回答となってしまって、④その「回答」が「世論として公化」されるということになるのである。

まずは横軸。①横軸の左の「極」には、「関係のありよう」という意味で「近代市民法」的な性格を有する「極」＝「分断・排除」を軸の左側に設定して、②軸の右側に、それとは対照的な（「社会保障法」的な）性格を有する「極」＝「連帯」を設定する。そして縦軸。①縦軸の上の「極」には、「意思のありよう」という意味で「近代市民法」的な性格を有する「極」＝「任意」を軸の上側に設定して、②軸の下側に、それとは対照的な（「社会保障法」的な）性格を有する「極」＝「強制」を設定する。 例えば、[「関係のありよう」と「意思のありよう」の組み合わせ]を利用することによって、「世論」というものをどのようにでも操作できることがわかる。もし、「生活保護制度」を、自助努力の方向へ誘導しようとするなら、調査票に、①「人々が分断されるような意識になる質問」をちりばめ、②「貧困になったのは本人たちのせいであるというように誘導される質問」をちりばめればよい。そのようにすれば、「実際の制度を「左上」へと移動させるべきだ」というものが「世論」であるかのような「結果」を、いとも簡単に作ってくれることになる。

[「責任のありよう」と「意思のありよう」の組み合わせ]で[議論の構造]を捉え「再構成」する
——〈「専門家」と「素人」との関係〉

　歴史的に見れば、議論に参加できる主体は、当初は、その地位を独占した状態＝一部の専門家にしか分からない事柄の担い手＝という形で姿をあらわす。次の段階では、そのような特権を有する者達が設定した論点や議論の方法を踏襲する形で、議論に参加する主体の拡大・普遍化が生じる。「大切なこととしての社会保障や社会福祉」については、誰もが関心を持つべきであるとする要請から、〈それまでは、全くの素人として位置づけられていた人々〉が、関心をもつに至り、さらに、その事が、同時に、にわか仕立ての国会議員を含めて、〈素人であった者を「専門家」化させる〉に至るのである。

　まずは横軸。①横軸の左の「極」には、「責任のありよう」という意味で「近代市民法」的な性格を有する「極」＝「私的な責任」を軸の左側に設定して、②軸の右側に、それとは対照的な（「社会保障法」的な）性格を有する「極」＝「社会的な責任」を設定する。そして縦軸。①縦軸の上の「極」には、「意思のありよう」という意味で「近代市民法」的な性格を有する「極」＝「任意」を軸の上側に設定して、②軸の下側に、それとは対照的な（「社会保障法」的な）性格を有する「極」＝「強制」を設定する。[「責任のありよう」と「意思のありよう」の組み合わせ]で捉えるなら、〈「専門家」と「素人」との関係〉がどのようなものとしてあるかが見えてくる。例えば、かつての「年金問題」についての議論でいうなら、それは「損得勘定」と言うような形で表面化することになる。このことを枠組みの中で位置付ければ、①「右下」に位置している制度について、②「損得勘定論」を持ち出すことによって、それが「左上」に位置している制度であるかのような発言をくりかえし、それを再生産する姿であるということになる。

[「責任のありよう」と「意思のありよう」の組み合わせ]で[議論の構造]を捉え「再構成」する
――〈「議論の構造」〉

　表面上は「社会保障の根幹に関わる重大事項」のように語られているものの、そこで重大だとされていることは、もっぱら、「制度が抱えている重大さ＝制度内の重大さ」である。そこにある構造的な特質は、「具体的な生活をしている人々の生活上の問題」を扱っていそうな議論を展開しつつ、その実、気にかかっていることは、「個別的な社会保障関係制度の問題点」である、というようなものである。このようなあぶなっかしい建造物を支えているのは、[〈「専門家」化〉した「素人集団」]である。「議論」というものが、〈「議論」することが許されている者〉の私的なものと化し、それが再生産されることにより大衆化してゆくということになっているのである。[〈「専門家」化〉した「素人集団」]がその構造をサポートする。

　まずは横軸。①横軸の左の「極」には、「責任のありよう」という意味で「近代市民法」的な性格を有する「極」＝「私的な責任」を軸の左側に設定して、②軸の右側に、それとは対照的な（「社会保障法」的な）性格を有する「極」＝「社会的な責任」を設定する。そして縦軸。①縦軸の上の「極」には、「意思のありよう」という意味で「近代市民法」的な性格を有する「極」＝「任意」を軸の上側に設定して、②軸の下側に、それとは対照的な（「社会保障法」的な）性格を有する「極」＝「強制」を設定する。[「責任のありよう」と「意思のありよう」の組み合わせ]で捉えるなら、〈「議論の構造」〉がどのような使われ方をしているかが見えてくる。それは、①枠組みの中で「右下」に位置していた「ある事柄」についての「責任のありよう」と「意思のありよう」を、②[〈「専門家」化〉した「素人集団」]が、枠組みの中で思いのままに移動させている姿である。

「ありよう枠組みの組み合わせ」という枠組みで捉えるための補足テーマ——練習——「応用問題」で議事録に見られる議論の構造を「再構成」する——

[「責任のありよう」と「意思のありよう」]で捉える①——議事録〈少子化（戦時体制下）〉——

　まずは「横軸」と「縦軸」による枠組み作りから。横軸から。①横軸の左の「極」には、「責任のありよう」という意味で「近代市民法」的な性格を有する「極」＝「私的な責任」を軸の左側に設定して、②軸の右側に、それとは対照的な（「社会保障法」的な）性格を有する「極」＝「社会的な責任」を設定する。そして縦軸。①縦軸の上の「極」には、「意思のありよう」という意味で「近代市民法」的な性格を有する「極」＝「任意」を軸の上側に設定して、②軸の下側に、それとは対照的な（「社会保障法」的な）性格を有する「極」＝「強制」を設定する。その枠組みによって〈戦時体制下における少子化の位置付と対応〉がどのようなものとして位置づけされていたのかを捉えてみよう。

　「少子化」は、戦時体制下の日本において「人口増殖」や「民族興隆」等に内包される形で「問題」として語られてきた。

　典型的なものを採りあげるなら、「優良ナル所ノ結婚ヲ大イニ奨励シ、斯クアラシムル爲ニ何等カ表彰ヲシテハ如何デアルカ、國家ニ於テ、或ハ地方自治體ニ於テ、近代ハ先程申上ゲマスル如ク、生活難ヨリ致シマシテ婚期ガ後レテ参ル、謂ワレナクシテ獨身デ長ク生活ヲスル者モ數々アル……眞ニ日本國民大使命ヲ達成ト結婚、人口増殖ト云フコトハ如何ニ重大ナル問題デアルカト云フコト、又青年男女ニ對シマシテ結婚ノ知識ト之ガ準備トニ付キマシテ、一段ノ教育ヲ進メル」（男爵浅田良逸）というようなものである[1]。その後顕著になるのは、「人口増殖」という使命達成の鍵を握るものと位置づけされた「結婚」・「子供」・「家

族」等のありようについての発言が繰り返されるようになったということである。典型的なものは、「結婚観ノ舊體制ヲ是正シテ、是非新シイ結婚観ヲ樹立スル必要ガアルト思フノデアリマス、即チ結婚ハ決シテ個人ノ私事デハナイ、民族興隆ノ基礎デアル、兩親ヤ周圍ノ指導ノ下ニ、若キ二人ガ互ヒニ助ケ合ツテ堅實ナ家ヲ建設シ、サウシテ世界無比ノ團體ニ淵源スル立派ナ日本民族ノ血液ヲ永遠ニ生々發展セシムルト云フヤウナ使命ヲ感ジナガラ澤山ノ子供ヲ産ミ、丈夫ニ育テ、教育シテ、國家の御奉公ニ役立タシムルト云フ信念ヲ確立スル、サウ云フ氣風ヲ作ツテ行カナケレバ今日ノ大東亞戰爭ノ後ニ来ルベキ大東亞ノ經營ニ當ツテノ日本民族ノ發展ト云フモノガアリ得ナイト思フ、随テ性慾ト云フヤウナモノヲ國家ニ捧ゲル、結婚ハ個人ノ私事デハナクシテ、國家興隆ノ基礎デアルト云フ結婚観ヲ確立致シマシテ、性生活ノ厳正化ヲ強調スル所ノ社會環境ヲ速カニ確立スルコトガ必要デアル」（羽田委員）というようなものである[2]。ここに見ることができるように、強調されたことは「結婚すること」や「子どもを産むこと」が「個々人の責任と意思でなされるもの」としての「私事」ではないということであった。そして、さらに時代が進むと、「結婚」と「子ども」については「女子ノ結婚ニ付テ結婚手当金ノ支給……ヲ織込マレマシタコトハ、人口國策遂行ノ一端ト致シマシテ洵ニ結構ナ親心ト私ハ敬服シテ居ル所デアリマスルガ、思ヘバ子供ハ個人ノ子供デナクテ、國家ノ子供デアリ、畏多イ話デアリマスガ、陛下ノ赤子デアルト云フコトヲ考ヘマシタナラバ……」（小泉國務大臣）という具合になる[3]。

　さらに付け加えなければならないことは、「人口政策」や「民族興隆」と「体力管理」との間に強い結びつきが生じたということである。このことは、例えば、昭和15年の国民体力管理法案についてなされた「國民體力ノ向上ヲ圖ル、健康ヲ増進スル人口ノ質ヲ改善ヲスルト、左様ナ大キナ日本國家ノ持ツ永遠ノ目的ノ一ツヲ達成致シマスル爲ニ立案セラレマシタ」（國務大臣・吉田茂）[4]との発言に対しての、「教育ニ於テハ精

神的ナ立派ナ人物ヲ造ルト云フコトガ目的デアリマスルシ、又此ノ法案ニ於テハ國民ノ體力ヲ益々増大シテ、サウシテ能力ヲ増進サセルト云フ兩方ガ設ケラレテ完全ナモノニナルノデ、此ノ法案ノ御趣旨ハ誠ニ結構ナ御趣旨ト思ヒマス」（男爵・黒田長和）という発言に典型的に見ることができる[5]。ここで注目すべきは、「体力」が「教育」や「学力」と結合されて語られるようになったことである。

このような〈戦時体制下における少子化の位置付けと対応〉を［「責任のありよう」と「意思のありよう」の組み合わせ］で捉えるなら、それは、①枠組みの中で「左上」に位置していたモノを、②「右上」に移動させ（＝社会的な責任としての婚姻・出産の「推奨」）、③最終的には、「右上」に移動させたものを「右下」に移動させる（＝社会的な責任としての婚姻・出産の「強制」）という経緯をたどるといえる。しかし、①「左上」の位置にあったモノを、②いきなり「強制」する（＝左下へ移動させる）という側面もあり、そうなると、「私的な責任」の「強制」？というように位置づけすることも可能である。

(1) 官報號外　第73回帝國議会　貴族院議事速記録第5號　國務大臣ノ演説ニ關スル件・昭13年1月28日・79ページ。
(2) 第79回帝國議会　衆議院　國民體力法中改正法律案他四件委員會議録（速記）第3回・昭和17年1月27日・25ページ。
(3) 第84回帝国議会衆議院　戦時特殊損害保険法案委員會議録（速記）第7回・昭和19年1月31日・60ページ。
(4) 第75回帝國議会　貴族院　國民體力管理法案特別委員會議事速記録第1號・昭和15年3月2日・2ページ。
(5) 同。

［「責任のありよう」と「意思のありよう」］で捉える②――議事録〈少子化（現代日本）〉――

まずは「横軸」と「縦軸」による枠組み作りから。横軸から。①横軸

の左の「極」には、「責任のありよう」という意味で「近代市民法」的な性格を有する「極」＝「私的な責任」を軸の左側に設定して、②軸の右側に、それとは対照的な（「社会保障法」的な）性格を有する「極」＝「社会的な責任」を設定する。そして縦軸。①縦軸の上の「極」には、「意思のありよう」という意味で「近代市民法」的な性格を有する「極」＝「任意」を軸の上側に設定して、②軸の下側に、それとは対照的な（「社会保障法」的な）性格を有する「極」＝「強制」を設定する。その枠組みによって〈現代日本における少子化の位置付と対応〉がどのようなものとして位置づけされていたのかを捉えることになる。

　先ほど見た戦時体制下の日本における語り口を活用することによって、現代の日本における「少子化」についての語られ方がどのようなものであるかを見てみよう。そのためには、類似したテーマについての発言を選び出し、先程と同様の枠組みで位置づけなければならない。「少子化」についての一般的な語り口は、「この少子化の問題というのは、よく経済財政に結びつけて語られることが多いと思います。また、経済政策、産業政策、あるいはまた社会保障政策。しかし、そうした課題、問題との関係だけではなくて、これはもう社会全般にとって、子供の数が減っていって人口が減少している、社会を支える基盤そのものに対して極めて大きな影響が出てくる、このように思うところでございます。そうした認識のもとに、我々は少子化を考えていかなければならない」（安倍内閣総理大臣）というようなものである[1]。現代の日本の「少子化」についての、具体的内容物を伴わない抽象的な語り口からは見えてこない「少子化」の内容物は、「少子化」というものを構成する要素（＝「子ども」や「家族」等）についての、発言者の基本的な認識や意義づけがその内容を明らかにしてくれることになる。「子ども」についていえば、「子供は国の宝」（安倍内閣総理大臣）という語り口がそれを示している[2]。そして、「家族」については、「日本というのは世界で最も長い歴史を持つ国家でありまして、例えば今から二千六百七十三年前、橿原宮

で神武天皇が建国の詔を発せられるわけですが、そこで三つの建国の理念を語られるわけですね。一つは、一人一人を大御宝といって、一人一人大切にされる国。そしてもう一つが、徳を持って、道義国家をつくりたいと。それからもう一つが、家族のように世界が平和で仲よく暮らせる国をつくりたいということです。これは恐らく今の日本人の心情からしてみても違和感はないんだと思います」(山谷えり子)ということになる[3]。さらには、「家族については、やはり日本民族の永続というところから、夫婦と子供、そういった家族の原型、原則型を法制度の中に書いていることに合理性があると思っております」(稲田委員)[4]という発言や、「私は、初当選のころから、しっかりとした国家観と地に足の付いた生活観を併せ持って課題解決を図ることを旨とし、命の重み、家族の絆、国家の尊厳を守る政治を志してきました。政治の要諦は、民族の生存可能性を高めるために確かな判断を重ねていくことだと心得ます」(有村治子)という発言を挙げることができる[5]。そして、「婚姻」については「実は、少子化の主な要因、政府がこれまで分析をしておりましたが、総合的、全般的に対策を講じていかなければならないと思います。人の人生のステージで申し上げますと、結婚、妊娠、出産、育児、そして教育というふうに、それぞれの場面で、今さまざまな壁がございます。結婚で申し上げますと、全ての年代で未婚率が増加しておりますので、まず結婚をしていただく。それから、妊娠をしていただくところでも、やはり高齢出産が進んでおりますので、そういったものの、母体の教育でございますとか、それから　不妊治療でございますとか、さまざまな施策をそれぞれのステージに合わせて切れ目なく行っていくということが大事です」(森国務大臣・当時)　を挙げることができる[6]。

また、「体力管理」についていうなら、「最初に言われましたが、私も、学力よりも前に最初に体力だろう。これは森前総理がいつも言われるので私も口癖になっているのですけれども、体力がなかったら勉強もできない、こう思いますので、まず体力増強ということ、そして、その

ためには非常にこのラジオ体操というのが役に立つということを強くPRしたいなと思っております」（中山国務大臣・当時）[7]を挙げることができるし、その発言に対しての「そしてまた、まさに中山大臣言われましたように、森前総理もいつも口癖ですけれども、まず体力がない、というのは、やはり体力がないと根気力も続かないし、知的好奇心もわかない。そうすると、どんな勉強もできないのじゃないかと私も思っております。その一つの過程としてラジオ体操を取り上げさせていただきました」（松島みどり）をあげることができる[8]。

　議事録に見られるような、〈現代日本における少子化の位置付けと対応〉を［「責任のありよう」と「意思のありよう」の組み合わせ］で捉えるなら、それは、①枠組みの中で「左上のもの」（＝「私的な責任」・「任意」）として存在していた〈少子化の位置付けと対応〉を、②「右上」（＝「社会的な責任」としての婚姻・出産の「推奨」）に移動させ、③最終的には、それを下にスライドさせる（＝社会的な責任としての婚姻・出産の「強制」）という経緯をたどるものといえる。しかし、「左上」の位置にあったモノを「強制」する（＝左下へ移動させる）というエネルギーも強くみられ、〈現代日本における少子化の位置付けと対応〉を「私的な責任」の「強制」というように位置づけすることも可能である。このような位置づけられ方は、〈戦時体制下における少子化の位置付けとそれへの対応〉と酷似している。

(1) 安倍内閣総理大臣発言　［009／018］166－衆－予算委員会－14号　平成19年02月23日（国会会議録検索システム http://kokkai.ndl.go.jp/2014.9.19アクセス。以下、同システムによるものは国会会議録検索とアクセス年月日のみを表記。）
(2) 同
(3) 山谷えり子発言　［［006／020］183－参－憲法審査会－5号　平成25年06月05日（国会会議録検索システム 2014.9.19）
(4) 稲田委員発言　［［013／013］173－衆－予算委員会－4号　平成21

年 11 月 05 日（国会会議録検索システム　2014．9．15）
（5）有村治子発言［004／005］177－参－本会議－3号　平成 23 年 01 月 28 日（国会会議録検索システム 2014．9．23）
（6）［023／030］183－衆－内閣委員会－3号　平成 25 年 03 月 15 日（国会会議録検索システム 2014．7．25）
（7）［004／005］162－衆－予算委員会第四分科会－2号　平成 17 年 02 月 28 日（国会会議録検索システム 2014．10．6）
（8）［004／005］162－衆－予算委員会第四分科会－2号　平成 17 年 02 月 28 日（国会会議録検索システム 2014．10．6）

エピローグ
——分かったかな？「ありよう」の「ありよう」——

振り返ってみれば

『この本』で試みたことは、①位置づけされることになる「社会保障の法現象＝具体的なモノ＝メロンパン」がどのようなものなのかを位置付けることを意図して、②［「法＝抽象的なパン」という軸を設定する。その軸の上に「メロンパン」を置いて、「メロンパン」って、「パンとして」いったいどうなの……という具合に位置づけしたつもりである（あっ、そうだったの？？？）。軸の左側の極には「無味」で、右側の極には「めっちゃ、濃い味」という具合にして、対立軸による枠組みを作り、その軸上に具体的な「メロンパン」を置いてみたら、その位置は真ん中より少し右側？？ということなる。③では、『この本』が対象としている現代日本の「社会保障の法現象」を軸上に置くとしたら、軸の左の極には何を置けばいいのか？そして、軸の右の極には何を置けばいいのか？ということになる。『この本』では、設定された軸の左側の極には、常に、「近代市民法」の有する特質を表現できるモノを置き、反対側には、「近代市民法」との対比を可能とする＝対極にある＝モノを置くことになる。もう少し具体的に述べれば、例えば、「責任のありよう＝「形」のありよう］」（私的な責任／社会的な責任）や「意思のありよう＝「味」のありよう」（任意／強制）というような、法的特質という点で対極に置かれるもの］＝「近代市民法」＝との対比を可能とする「把握するための枠組み」を設定して、④その枠組みのもとで得られた「把握されたもの」の「ありよう」によって、⑤現代日本の「社会保障の法現象」の位置付けを試みて、⑥独自性を有する「法」としての「社会保障法」の把握を試みることということになる。この『この本』での作業は、「軸」の両極に、①「近代市民法」的なものと、②それとの対比が

意味を持つような「社会保障法」的なものを置いて、その両極を有する「軸」の上に、現実の現代日本の「社会保障の法現象」を位置付けて、「社会保障法」の全体構造を捉えて再構成する作業であった。そして、第5部では、横軸と縦軸を使うことにより、複数の「ありよう」による枠組みを設定し、現実の現代日本の「社会保障の法現象」を位置付けてみた。この場合、縦軸の「上側」の極には「近代市民法」の有する特質を表現できる極を設定し、「下側」の極には「近代市民法」との対比を可能とする＝対極にある＝極を設定してみた。わかった？反応が微妙なので、読者の皆さんに、分かりやすい「例」を用いた先生からの「エピローグ」をプレゼントしよう。意地でも分からせてやる！！！

「責任のありよう」という枠組みで見れば

　2011年3月11日の「東日本大震災」の直接的な被害について、何らかの基本的指針を策定することはそれほど困難なことではないであろう。しかし、その「基本的指針」が正当性を有するためには、①「基本的指針」と、それを具現化した「個別具体的な対応」との関係、②さらには「周辺的な問題（とされる問題）」への具体的対応において、関係すると考えられる人々の賛同が得られることが不可欠である。ここで関係することとなる人々とは、「増税の影響を受ける人々」にまで広く含むことになる。とりわけ、「周辺的な問題（とされる問題）」への具体的対応については、へたをすれば、「なぜ私たちが、という疑問を呈すれば悪人のように思われるから……。やっぱりそうなのか」というような感覚を生み出すこととなってしまう。結果として、「基本的なことを考える姿勢を拒絶する国民の再生産」ということになろう。人々の、このような思考からの逃避は、一時的なものとしてとどまらず、この社会の将来の像の基盤を形作ることとなる。そのようなことを避けるためにも、「基本線から外れない」対応がもとめられる。①幕張の「液状化現象」への対応、②「ボランティア」を巡るトラブル、③「避難先」での諸経

費の負担の範囲、④「○○関係社員の報酬」などなど、すべてについて「震災だから税金で」という安易な発想は、結果として、「主張をして、貰えるものは貰っておこう」ということに結び付かないであろうか。

というようなこともあって、『この本』では、「ある出来事」について、例えば「誰が責任を負うのか」ということに光を当てて、「私的な責任」と「社会的な責任」についての「ありよう」についての基礎的な素材を提供しようと意図したのである。

わざわざ言うことではないが、私たちは、一人で完結した生活を送れるわけはない。その意味で、私たちの日常生活は、何らかの対応をしなければならない「事柄」で取り巻かれている。これらの「事柄」は、時には「ある私人」の「責任」や「役割」となり、また、時には、「社会」によって解決されるべき「問題」となったりする。これらの「事柄」や「問題」は、その社会のありようとの関係で、常に表れたり隠れたりするものであることから、それらに対応すべきは「誰」であるのかということを、事前に割り当てておくことはできない。社会保障との関係で言えば、「事柄」に該当するものは、「傷病」、「貧困」、「要介護の状態」などなどということになるが、しかし、これらが「私的な責任」によって対応されるべきものなのか、「社会的な責任」によって対応されるべきものなのかは固定的ではない。

「責任のありよう」という枠組みで捉える――〈「社会事業法」(昭13年・法59) 制定時の議論〉――

「社会的な責任で対応される事柄」とは、いったい何なのか？このような「問い」を設定した場合に役に立つのは、「ある事柄」についての「役割」が、「私的」なものから「社会的」なものへと移行するような時点での議論の中に見られる理屈を探ることである。例えば、「社会事業」といわれるものが、いったい「どういう理屈」で、「誰によって対応されるべき事柄」と考えられるようになったのかについて、「社会事業法」

の法案提出時になされた議論をみることによっても、ある程度のヒントを手に入れることができる。

　国務大臣侯爵木戸幸一による法案提案理由の説明は、「……政府ニ於テハ、戦時戦後ニ於ケル社会施設ヲ整備スルノ特ニ緊要ナルヲ思ヒ、是ガ為メ一面社会政策ノ拡充ニ努ムルト共ニ、他面公私社会事業ノ発展ヲ図ルコトヲ期シテ居ルノデアリマス」…「本事業ニ対シマシテハ、皇室ノ御思召ニ基ク御仁慈ハ申スモ畏キ極ミデアリマスガ、國ニ於テモ、地方團体ニ於テモ、年々相当ノ奨励金ヲ交付シテ、其発達ヲ図リ来ッタノデアリマス、併ナガラ其助成監督ノ方法ハ、救護施設、少年教護院、職業紹介所、公益質屋等、特別ニ法律ノ定メアルモノヲ除クノ外、未ダ制度トシテ確立セラルルニ至ラナカッタノデアリマス、随テ一般ノ社会事業ニ付テモ、一層積極的ニ其振興発達ヲ期スル為ニ、是ガ助成及ビ監督ノ方法ヲ制度化スルコトノ必要ナルコトハ……」というものであった（『官報』号外　昭和13年2月27日　「衆議院議事速記録」第十九号、422ページ［社会問題資料研究会『帝国議会史』東洋文化社、第一期・第三十三巻、121ページ］）。

　しかし、これに対してなされた古田喜三太の発言は「……凡ソ社会事業ト云フモノハ、地方ニ於ケル名望家、或ハ奇特家ノ手ニ依ッテ行ハレ、而シテ涙ト誠心誠意ヲ以テ行フ事業デアリマス、現ニ我國デハ公営私営ヲ合セテ八千ト称シテ居リマス、此経費一箇年五千万圓以上ヲ使ッテ居ルヤウナ状況デアリマス、政府ハ是等ニ向ッテ今回ノ増額ヲ合シテ、僅ニ五千万圓ヲ保護助長ノ奨励金トシテ御入レニナルノデアリマスルガ、洵ニ私共少額ニ驚カザルヲ得ヌノデアリマス、殊ニ此種ノ事業ニ対シテ監督権ヲ及ボスニ当リマシテ、十四条カラ十七条ノ法文ヲ見マスト、代理人、家族、同居人、従業者マデガ此法規ニ違反シタ場合ニハ、経営者ニ向ッテ罰スルト云フ法規デアリマスルガ、是ガ大ナル私ハ誤ダト思フ」というものであった。ここからうかがえるのは、「ありがたい民間の善意に対する公的な監督」はできるだけ限定的であるべきだとす

る考え方からくる根強い反発があったことである（同424ページ［同122ページ］）。それに対して、国務大臣木戸幸一は、「……決シテ社会事業ヲ法律ニ依リマシテ厳格ナル監督等ヲ、主トシテヤルト云フ考ハ持ッテ居ラヌノデアリマス、社会事業ヲ助長誘導致シマシテ、現在ヨリモ向上サセ、サウシテ一層発展サセテ行クト云フコトガ、其主タル目的デアリマス」と答えている（同425ページ［同123ページ］）。

　この議論から読み取れる思考的構造は以下のようなものである。①まず、実態として存在していた「社会事業」というものについて、「私的な責任」と「社会的な責任」の両者の「責任」よって実施されている＝二種類の対応のされ方がある＝という共通した認識があったことである。②そして、そのような認識があったにもかかわらず、「私的な責任」としてなされるべきことと「社会的な責任」としてなされるべきことを融和させるような「ひとつのモノ」として、その後の「社会事業」の位置づけが予定されていたということである。③さらに、そのような位置づけを予定された「社会事業」に対して、「社会的な責任」としてなす側からの監督や統制が意図されていたということになろう。

　左右の軸をつくり、左側の極には「近代市民法」的なもの（＝私的な責任）を設定し、右の極には、それとの対比が意味を持つような「社会保障法」的なもの（＝社会的な責任）を置くことによって「責任」の「ありよう」という枠組みができる。その設定された「責任」の「ありよう」という枠組みで捉えれば、ここで紹介した〈「社会事業法」（昭13年・法59）制定時の議論〉は、「軸上の左側」と「軸の右側」の両方に存在していたモノを、「右側」へ寄せ集める＝〈[「私的な責任」と「社会的な責任」]の両者を、[「社会的な責任」]へ統合するという現象〉ということになる。

「責任のありよう」という枠組みで捉える――〈GHQとの文書の往復〉――

　日本において、社会保障制度についての「社会的な責任」が全面に現れ、基本的な考え方と、筋道が具体的なものとして姿を現していったのは、GHQと日本の政府との文書の往復を通じてであった。この過程を通じて、社会保障を巡る「私的な責任」と「社会的な責任」の役割も固定的なものとして確立していくことになる。

　1945年12月8日の「救済ならびに福祉計画に関する件」GHQ覚書（SCAPIN404）により、「日本帝国政府は1945年12月31日までに、1946年1月より6月に至る期間の失業者及びその他の貧困者に対する、食料、衣料、住宅、医療、金融的援助、厚生措置を与えるべき詳細且つ包括的計画を司令部に提出すること」とされた（全国社会福祉協議会『社会福祉関係施策資料集1』（『月刊福祉』増刊号、1986年、7ページ）。これに対して、日本の政府が同年12月31日にGHQに宛てて提出した文書「救済福祉に関する件」は、「……各種援護法令ヲ全面的ニ調整シ、新ニ国民援護ニ関スル総合的法令ヲ制定シ、国民ノ生活保障ヲ法律ニ依リ確保スルト共ニ、右ニ伴ヒ政府ノ法令ニ基ク援護ヲ拡充強化スル為新ニ有力ナル民間援護団体ヲ設立スベク急速ニ之ガ準備ヲ進メツツアリ、然シテ右団体ノ設立ニ当リテハ既存ノ戦災援護会、海外同胞援護会、軍人援護会等ノ各種団体ヲ整理統合スルモノトス」というものであった（同10ページ）。ここに表れているものは、「政府ノ法令ニ基ク援護ヲ拡充強化スル為新ニ有力ナル民間援護団体ヲ設立スベク」として、「公」ではなく「戦災援護会、海外同胞援護会、軍人援護会等ノ各種団体ヲ整理統合」して、新しい民間援護団体を設立するという基本的姿勢であった。

　それに対して、1946年2月27日の「社会救済」GHQ覚書（SCAPIN775）は、「……次ノ条件ニ合スル様変更ノ処置ヲトラバ日本帝国ニ対シ何等異議アルモノニ非ズ」とし、一定の条件を満たすことを求めている。それらの条件の一つとしてあげられたものが、「日本帝国政府ハ……責任

体制ヲ確立スベキコト」、「従ッテ私的又ハ準政府機関ニ対シ委譲サレ又ハ委任サルベカラザルコト」というものであった。これに対しての、「救済福祉に関する政府決定事項に関する件報告」と題する日本帝国政府提出文書（4月30日）は、「……政府ノ責任ニ於テ平等ニシテ且差別スルコトナク其ノ徹底ヲ期スル為救済福祉事業ノ実施主体ハ左ノ系統図ニ示スガ如ク単一ノ政府機関ニ依リ之ヲ行フコトトシ……」としている（同14ページ）。

　この流れを見て分かることは、「ある事柄」についての「社会的な責任」という考え方がこの時点で確立したことであり、それは、戦時体制の維持とかかわりが密であった各種の「準政府的機関」をさまざまなことにかかわらせないという、GHQの意図とも関係していたということである。さらに指摘されなければならないことは、それについてどのように評価するかは別として、社会保障との関係において、姿を見せかけていた「中間的な団体」や「準公」というものが、この時点で姿を消したということである。

　左右の軸をつくり、左側の極には「近代市民法」的なもの（＝私的な責任）を設定し、右の極には、それとの対比が意味を持つような「社会保障法」的なもの（＝社会的な責任）を置くことによって「責任」の「ありよう」という枠組みができる。その設定された「責任」の「ありよう」という枠組みで捉えれば、ここで紹介した〈GHQとの文書の往復〉は、軸上の真ん中あたりから右への（強烈な）移動＝「社会的な責任」への一本化＝現象であったということになる。

「責任のありよう」という枠組みで捉える──〈[「措置」から「契約」へ]という図式の登場〉──

　社会保障を巡る「私的な責任」と「社会的な責任」との関係の基本的「ありよう」を大きく変容させたものが、介護保険制度の創設であった。これにいたる経緯を、介護保険制度と深くかかわる「老人居宅介護

等事業」＝（一般に考えられている「ホームヘルプサービス事業」に近いもの）＝を取り上げて簡単に見てみよう。

　この事業の原初的なものは、老人福祉法が制定される一年前の、1962（昭37）年度から、要保護者層を対象として＝貧困な人々を対象として＝なされたもので、国庫補助事業として制度化されたものである。その後、1982（昭57）年には、所得税課税世帯に対しても有料で派遣が可能なものとなり、1989（平1）年度には、高齢化の進展に対応する改訂が行われている。この改訂により、事業の委託先として、「特別養護老人ホーム等を経営する社会福祉法人」や「福祉公社」、さらには、「在宅介護サービスガイドライン（老人保健福祉部長、社会局長連名の通知…昭和63）の内容を満たす民間事業者」等を視野に入れた、幅広い供給体制の確保を試みたのである。対象者を貧困層から拡大するとともに、民間事業者による供給体制の確保を図ったとはいえ、サービス自体の基本的性格は「措置」のままであった。ところが、高齢化の進展に伴って、この「措置」方式に対しては以下のような考え方が提示されるようになってきた。

　すなわち、①かつてとは異なり、高齢者としてのニーズを抱えた生活を送ることが限られた人々のみに生じる特別なことではなく（＝高齢者ニーズの普遍化＝）、従って、「高齢者の問題」は「貧困の問題」とは切り離して思考するべきであるという考え方が前面に押し出されてきたこと、②その事との関係で、多様化した高齢者のニーズやライフスタイルに対応可能なサービスが求められるようになり、③高齢者が選択権を行使できることの必要性が認識されるに至ったこと、④従って、行政による「措置」ではなく、高齢者が市民として契約締結の主体となることが望ましいと考えられるようになったこと、等がそれにあたる。このような考え方が前面に出てくるにあたっては、「社会保障の財政の問題」や「社会的入院と称される事態に対しての対応」等があったことはいうまでもない。

このような過程を介して、民間事業者やNPOに対しての、新たな意義付けがなされるようになってきた。その総仕上げにあたる具体的な制度化が「介護保険法」の制定（1997年）であり、「社会福祉事業法」から「社会福祉法」への法改正の作業（平成12年　法律111号）であった。
　左右の軸をつくり、左側の極には「近代市民法」的なもの（＝私的な責任）を設定し、右の極には、それとの対比が意味を持つような「社会保障法」的なもの（＝社会的な責任）を置くことによって「責任」の「ありよう」という枠組みができる。その設定された「責任」の「ありよう」という枠組みで捉えれば、介護保険制度の創設時に見られた〈[「措置」から「契約」へ]という図式の登場〉は、「措置としてなされていた介護という事柄」を「軸上の右側から左側へ」と移動させた＝「社会的な責任」の変容＝現象ということになる。

応用問題──もう一歩先へ

　読者の中には、先ほどまで見てきた歴史的経緯＝［「私的な責任」と「社会的な責任」］の相互関係＝を手がかりとして、現代的で具体的な「何らかの場面」を捉えてみたいと思っている方がおられるだろう。一人でもいいから、いたとして、その方のために用意した場面は、〈「介護保険」の創設〉をどのようなものとして見るかというテーマである。
　まず、整理しなければならないのは、「介護保険制度」創設時にみられた、①「社会的な責任」であったものを「私的な責任」に転嫁するという批判と、②「介護の社会化」を推進することはいいことだという主張との関係である。この両者が同時に存在したということはどういうことなのか？ここに見られる二つの主張の相互関係を、［「反対」対「賛成」］という具合に、「一つの共通したことについての評価の対立」と位置づけてはならない。正しい捉え方をすれば、「二つの主張はずれてしまっている」ことが分かってくる。何故か？一見したところ、「同一のもの」を見た結果の表現であるように見える二つの主張であるが、実

は、「異なるもの」を見た結果の表現であるのである。では「二つの異なるもの」が、あたかも「一つのモノ」のように扱われてしまうのはなぜか？そのような事態を引き起こしているのは、「介護保険制度」というものの登場について、①「社会的な責任」としてきたもの＝措置制度としての高齢者の介護＝を「私的な責任」に転嫁するものとして位置づける立場からの立論と、②「私的な責任」で対応されてきたもの＝実態としての高齢者の介護＝を「社会的な責任」で対応するものとして位置づける立場からの立論とが併存していたからである。前者が制度のレベルで議論しているのに対して、後者は介護の実態のレベルから議論を開始する。ただし、後者においては、「かつての制度が不十分であるから、実態がそのようなものになった」というようなことにはあまり触れられない。それまでの高齢者の介護にかかわる事柄の全体像からすれば、前者がすべてではないし、後者もすべてではない。生じたことは、「制度としての介護の供給体制の規制緩和」（＝「意思のありよう」でいえば「任意」）であると同時に、一定の要件の下での「介護の社会保険化」（＝「関係のありよう」でいえば「連帯」）であったのである。

　繰り返しになるが、私たちの日常生活は、何らかのものを必要としている市民が、自分の選択で契約を締結するということを基盤としている。ここで重要なことは、高齢者（とされる人）であっても、障害者（とされる人）であっても、24時間、365日、「介護保険法」や「老人福祉法」などのみに拘束された生活をしているのではない、という当然のことにことに気づくことである。一日の生活の多くの部分は、市民法といわれる一般的な法に規律された日常生活なのである。その過程で、その契約を締結し履行されたもののうちから、一定の要件を備えているとされるものに対して社会的給付がなされると考えるのが、通常の思考方法であろう。より具体化すれば、①商品やサービスの買い手が適格性を備えているか、②商品やサービスの売り手が適格性を備えているか、③商品やサービスが質的に適格性を備えているか、④購入した商品やサービ

スが定められた量の範囲内であるのか、というような要件を満たしたものについて、社会的な費用を出動させる＝社会的給付がなされる＝という具合に、再整理することによって、ようやく、成熟した市民社会をベースにした社会保障が構築される「基礎」が出来上がるのである。
[「A」か「B」か] というような「選択的」なものが課題解決につながるのではない。課題となっているのは、①「軸の左に存在し安定的な質を確保したモノ」を「その質を保ち」つつも、「右側へ移行させる」ことと、②「軸の上側に存在し安定的な質を確保したモノ」を「その質を保ち」つつも、「下側へ移行させる」ことを、何らかの工夫によって具体化できないものか、ということである。

あとがき

　前著『「考え方」で考える社会保障法』が出来上がった時、編集をして下さった篠崎雄彦さんに、恐る恐る「近頃……というようなことを考えているのですが」と話してみた。どういう言葉が返って来るか、内心はドキドキであった。にこにこ笑顔の篠崎さんの返事は「先生、ぜひお願いしますよ」というものであった。あまりの嬉しさに、その日、私は家に帰って「もう一冊書かせていただけることになった」と妻に報告した。

　私の仕事を振り返ってみると、講義でも、執筆でも、私のスタイルは、「なぜ」「如何に」ということにウェイトを置いて、「制度の良し悪し」にはあまりかかわらないようにしてきたようにも見える。これは、「なぜ」「如何に」という風に読んでいただけたら、読者のみなさんが「制度の良し悪し」を判断して下さるだろうと思っているからであって、「制度の良し悪し」について発言していないわけではない。私が、そのようなスタイルをとっているのは、まずは、自分たちを取り巻いているモノに潜んでいる「質的なモノ」をとらえ、ソレを踏まえて発言しようというように考えているからである。いわば、気にかけているのは「結果として具体化されたモノ」ではなく、「そのような結果を生み出すことになっている理屈」なのである。そのためか、育っていった大学院生たちも、研究対象の分野は少しずつ異なっていても、「なぜ」「如何に」ということにこだわって仕事をしている点では共通している。

　前著『「考え方」で考える社会保障法』は、制度についての「賛成・反対」ということではなく、「社会保障の法現象」と「社会保障法」について、複数の「考え方」が存在しているということを具体的に提示することをねらいとするものであった。それに対して『この本』は、近代

市民法の「ありよう」との対比で、「社会保障の法現象」と「社会保障法」を位置付けすることをねらいとした。いわば、[「ありよう」という枠組み]で「社会保障の法現象」と「社会保障法」を捉えて、位置付けしようというモノである。心掛けたことは、「専門用語」をあまり使わずに表現し、「社会保障の法現象」と「社会保障法」についての具体的な内容になじみのない読者にも読んでいただけたら、ということである。

　篠崎雄彦さんには、執筆段階から最終段階までアドバイスをいただいた。時には散歩をしながら、いつも笑顔で、面白いお話を聞かせていただいた。そのような時間は、私にとって、大変な気分転換になり、リフレッシュできるひと時であった。本当にありがたかった。

　一年ぶりの単著である。「書きたい」と思っていた一冊なので、いつものように家族から時間を頂戴して、何とかこぎつけた。佳代子、素乃子、真央、真矢、内田さん、梁さん……ありがとうございました。

　私のことだから、調子に乗って、「もう一冊」なんて言いそうな気持満々であるが、少しだけ我慢しているのが本心である。とはいえ、「次のアイデア」も練っている。どうなることやら。

2016年6月4日

　　　　　　　　　　サーチャーズを聴きながら

　　　　　　　　　　　　　　　著　者　記　す

著者略歴
久塚純一（ひさつか じゅんいち）
1948年札幌市生まれ。同志社大学法学部法律学科、九州大学大学院法学研究科を経て、現在、早稲田大学社会科学総合学術院教授

主要著書
『フランス社会保障医療形成史』（九州大学出版会）、『比較福祉論』（早稲田大学出版部）、『テキストブック　社会保障法』（共著、日本評論社）、『世界の福祉』（共編著、早稲田大学出版部）、『乳がんの政治学』（監訳、早稲田大学出版部）、『社会保険と市民生活』（共著、放送大学教育振興会）、『社会保障法　解体新書』（共編著、法律文化社）、『世界のNPO』（共編著、早稲田大学出版部）、『フーコーと法』（監訳、早稲田大学出版部）、『福祉を学ぶ人のための法学』（共編著、法律文化社）、『高齢者福祉を問う』（共編著、早稲田大学出版部）、『比較福祉の方法』（成文堂）、『「考え方」で考える社会保障法』（成文堂）他

「ありよう」で捉える社会保障法
―社会保障の法現象―

2016年10月1日　初版第1刷発行

著　者　久　塚　純　一

発行者　阿　部　成　一

〒162-0041　東京都新宿区早稲田鶴巻町514番地
発行所　株式会社　成文堂
電話 03(3203)9201(代)　FAX 03(3203)9206
http://www.seibundoh.co.jp

製版・印刷　藤原印刷　　　　　　　製本　弘伸製本
☆乱丁・落丁本はおとりかえいたします☆　検印省略
©2016 J. Hisatsuka　Printed in Japan
ISBN978-4-7923-3354-6 C3032

定価(本体2900円＋税)